三十六计

上

丁宥允◎著

中国出版集团
现代出版社

图书在版编目（CIP）数据

解读《三十六计》（上）／丁宥允编著. —北京：现代出版社，2014.1

ISBN 978-7-5143-2151-7

Ⅰ. ①解… Ⅱ. ①丁… Ⅲ. ①兵法 – 中国 – 古代 – 青年读物 ②兵法 – 中国 – 古代 – 少年读物 Ⅳ. ①E892.2 – 49

中国版本图书馆 CIP 数据核字（2014）第 008542 号

作　　者	丁宥允
责任编辑	王敬一
出版发行	现代出版社
通讯地址	北京市安定门外安华里 504 号
邮政编码	100011
电　　话	010 – 64267325 64245264（传真）
网　　址	www.1980xd.com
电子邮箱	xiandai@ cnpitc. com. cn
印　　刷	唐山富达印务有限公司
开　　本	710mm × 1000mm　1/16
印　　张	16
版　　次	2014 年 1 月第 1 版　2023 年 5 月第 3 次印刷
书　　号	ISBN 978-7-5143-2151-7
定　　价	76.00 元（上下册）

目　录

第一套　胜战计

第二套　敌战计

第三套　攻战计

第一套　胜战计

　　胜战计，是指在敌强我弱的条件下，根据对手的具体情况采取相应的行动。此计要求在战前要具备胜利的条件、方案和把握，而后在战斗中通过计谋的运用，将我方的优势发挥得淋漓尽致，从而战胜敌人，获得更大的利益。胜战计包括瞒天过海、围魏救赵、借刀杀人、以逸待劳、趁火打劫和声东击西六个计策。

第一计　瞒天过海

原文

　　备周则意怠[1]，常见则不疑。阴在阳之内，不在阳之对[2]。太阳，太阴[3]。

注释

　　（1）备周则意怠：防备十分周密，往往容易让人斗志松懈，削弱战力。

（2）阴在阳之内，不在阳之对：阴，这里指的是秘密谋略。阳，这里指公开的行动。对，对立、相反的方向。此句意思是秘密的谋略就隐藏在公开的行动之中，而不与公开行动相对立。

（3）太：极，极大。此句意思是在最公开的行动后面往往隐藏着最秘密的阴谋。

译文

防备周密，往往容易导致思想麻痹，意志松懈；常见的事情就不会产生疑惑以致丧失警惕。秘谋就隐藏在公开的行动之中，并不是与公开行动相对立的。最公开的行动当中往往隐藏着最秘密的计谋。

按语

阴谋作为，不能于背时秘处行之[1]。夜半行窃，僻巷杀人，愚俗之行[2]，非谋士之所为也[3]。如：开皇九年（公元589年），大举伐陈。先是若弼请缘江防人，每交代之际，必集历阳，大列旗帜，营幕蔽野。陈人以为大兵至，悉发国中士马，既而知防人交代。其众复散，后以为常，不复设备，及若弼以大军济江，陈人弗之觉也。因袭南徐州，拔之。

注释

（1）不能于背时秘处行之：背时，趁着没人在的时候。秘处，隐秘之处。全句意为：（机密的谋略）不能在背着人的时候或隐蔽的地方进行。

（2）愚俗之行：愚，愚蠢。俗，庸俗，鄙俗。全句意为：这是愚蠢、鄙俗的行为。

（3）谋士：智谋之士。

按语之译文

机密的谋略不能在背着人的时候或者是在隐蔽的地方施行。诸如在半夜里偷东西，或者是在偏僻的巷子里杀人，都是愚蠢和低级的行为，不是聪明人采取的方法。公元589年，隋朝将大举攻打陈国（都城在今南京）。战前，隋朝将领贺若弼奉命统领江防，每次调兵遣将时都把兵力集中在历阳，战旗遮天，帐篷遍野。陈国误以为是大军来到，发动了全国的士卒兵马全力以赴，准备迎敌，但后来发现只不过是隋军的调防而已，于是撤回部队。如此三番五次之后，陈国人就习以为常了，戒备也松懈下来。直到隋将贺若弼引领大军渡江袭来时，陈国人居然还未觉察。于是隋军轻而易举地攻占了南徐州。

典故

相传唐太宗率兵30万远征辽东。大军到达海边，太宗举目远眺，沧海茫茫，一望无边，顿时心生恐惧。大将薛仁贵见状，心生一计：他请太宗进入海边的一座彩色营帐，命文武百官饮酒作乐。一时笙歌四起，美酒飘香。此情此景竟然使太宗忘记了忧愁，沉浸在欢乐之中。正在酒酣之际，太宗忽闻帐外有波涛汹涌之声，便急忙揭开帐幕向外张望。这才发现自己与30万大军正在乘船渡海，而且马上要到达对岸。原来，薛仁贵担心太宗因大海阻隔而放弃东征，便瞒着他指挥大军渡海。因为皇帝贵为"天子"，所以叫做"瞒天过海"。

经典案例

李靖一战破梁王

唐朝初年，李靖是赵王孝恭属下长史，统领军队，准备对占据江陵的梁王萧铣进攻。当时，秋水暴涨，浊浪滔天，众将认为此时进兵必败无疑。而李靖却认为，用兵贵在神速。现在正可顺水推舟，一日千里，必能出奇制胜。孝恭素重李靖之才，对他言听计从。次日率战船2000余艘东下，一昼夜便抵夷陵。萧铣的将领林士弘果然毫无防备，一击即破。接着，李靖长驱直入，顺北江而下，守将盖彦举闻风丧胆，举王洲之地而降。

这时，梁王萧铣正屯兵务农，听说李靖率军而入，仓促间只好召集卫兵应战。孝恭要出马应战，李靖以为不可。他认为敌军拼死而来，应避其锋芒以候时机。孝恭没有采纳他的建议，亲自率军出阵，结果大败而回，退回南岸。梁王军队乘胜沿江抢夺财物，军容散乱，于是李靖领兵乘机击之，直抵江陵。然后又下令将所获敌船全部击破，弃于江中，任其顺流而下。

众将对此大为疑惑："所获敌船，正可用于充实我军实力，为何毁之，弃之？"李靖笑着解释道："尔等有所不知，今萧铣属地甚广；

若我军攻城未果，敌军必会四面相围，我军必腹背受敌，进退两难，陷入危境之中，纵有战船，亦无所用。今将敌船沿江弃之，敌援军一见，必疑是江陵已失，未敢轻进。等其明晓之时，我已攻下江陵久矣！"遂继续下令围城。

萧铣被围江陵已久，日夜盼望援军到达。而援军见到江中漂流的梁军船只的残片断流，以为江陵已失陷，吓得不敢继续前进，还纷纷求降。梁王被困于城中，内无粮草，外无援兵，走投无路，便与侍郎岑文本商议。岑文本见大势已去，便劝梁王不如早降。萧铣别无他法，只好开城投降。李靖凭此一战，功绩显赫，把萧铣的96郡地盘，全部纳入赵王属下。

智慧解读

瞒天过海作为一种示假隐真的疑兵之计，它利用人们对一般现象的思维定势，以假乱真，以期达到出其不意、出奇制胜的目的。此计的核心就是一个"瞒"字，有时候阴谋诡计往往隐藏在明摆着的事物中，而所谓"正大光明"之中反而暗伏着不易察觉的秘密。

第二计　围魏救赵

原文

共敌不如分敌[1]，敌阳不如敌阴[2]。

注释

（1）共敌、分敌：共，集中的。分，分散，使分散。这里是指集中的敌人与分散的敌人。

（2）敌阳、敌阴：敌，动词，攻打。阳，这里是指公开、正面、先发制人；阴，这里是指隐蔽、侧面、后发制人。敌阳不如敌阴，指正面攻敌，不如从侧面攻敌。

译文

攻打集中之敌，不如攻打分散之敌。从正面攻敌，不如从侧面攻打防守相对薄弱之敌。

按语

治兵如治水：锐者避其锋，如导疏；弱者塞其虚，如筑堰。故当齐救赵时，孙子谓田忌曰："夫解杂乱纠纷者不控拳[1]，救斗者，不搏击[2]。批亢捣虚[3]，形格势禁[4]，则自为解耳。"

注释

（1）夫解杂乱纠纷者不控拳：控，抓紧。全句意为：要解开杂乱纷繁的扭结，不能握紧拳头。

（2）救斗者，不搏击：搏，打。全句意为：要解救打架的人，自己不能参与打斗。

（3）批亢捣虚：批，用手打击，攻击。亢，咽喉，比喻要害之处。全句意为：攻击要害之处，攻打薄弱环节。

（4）形格势禁：格，受阻碍。全句意为：受阻碍的困难局面。

按语之译文

治兵就像治理洪水一样：对于来势凶猛的敌人，要避开它的锋芒，就好比治理洪水要导流一样。对于弱的敌人，要堵住它、歼灭它，就好比治理洪水要修筑河堤一样。所以，当齐国派兵去解赵都邯郸之围时，孙膑对田忌说："要解开杂乱纷繁的扭结，不能握紧拳头；要解救打架的人，不能自己参与打斗。只要抓住敌方要害，攻其虚弱之点，使敌方处于受阻的困难局面，赵都之围便自然而然解除了。"

典故

公元前 354 年，魏国将军庞涓带领八万军队攻打赵国邯郸。赵国派人到齐国求救，齐国任命田忌为统帅，孙膑为军师，带兵八万去救援赵国。田忌本想率军去邯郸直接与魏国交锋，解救赵国。但孙膑认为这样做不妥，说："要想解开丝绳结，不可以握着拳头，排解争斗，不能参与搏击。我们要乘虚取势，双方因受到制约才能自然分开。眼下魏国精兵都在攻打赵国，国内防御必定空虚，我们直接去攻打魏国首都大梁，那庞涓必回师解救，这样一来邯郸之围定会自解。我们再于中途伏击庞涓归路，其军必败。田忌依计而行。

果然，魏军离开邯郸，归路中又陷伏击与齐战于桂陵，魏部卒长途疲惫，溃不成军，庞涓勉强收拾残部，退回大梁，齐师大胜，赵国之围遂解。这便是历史上有名的"围魏救赵"的故事。

经典案例

攻下杭城，解围天京

太平天国后期，由于内讧加剧，大大削弱了太平军的力量。公元1860年，清军派和春率领数十万大军攻打太平天国的都城天京（今江苏南京）。由于清军人马众多，层层包围，使得天京沦为一座孤城。

为了解救天京，天王洪秀全召集诸王众将商讨对策，但对如此严峻的形势，大家一时也想不出什么好办法。这时，年轻的将领忠王李秀成为洪秀全献上一计。他说："如今清军人马众多，硬碰硬只会凶多吉少。请天王派给我两万人马，乘夜突围，偷袭敌军屯粮之地杭州。这样，清军一定会分兵救援杭州。然后天王就可以乘此机会突围，我也回兵天京，形成两面夹击之势，天京之围就可以被突破了。"翼王石达开急忙响应，并表示也带一支人马，协同李秀成作战。

诸王众将都知道这是"围魏救赵"之计，有两位王爷亲率精兵突围，胜利是有把握的。可是洪秀全生性狐疑，他因天京被围，形势严峻，便怀疑二王是不是想乘机脱逃，所以迟疑不决，没有及时回应。

此时李秀成猜透了洪秀全的心思，突然跪倒在地，泪如泉涌，说道："天王，天国危在旦夕，我等若有二心，怎么对得起天王和全军将士呢？"石达开也跪在天王面前，恳求洪秀全下令发兵。洪秀全深受感动，终于同意按他俩之计行事。

这时正值过年，正月初二，清军仗着人多势众，天京也早已被其团团围住，也就略有松懈。这天半夜时分，李秀成、石达开各率一支人马，乘着黑夜，从敌人封锁薄弱的东南角突围了。清军将领和春见是小部队人马逃窜，也就没有紧随追击。二王突围后，分兵两路：李秀成奔向杭州，石达开奔向湖州。李秀成直抵杭州城下，见清军守备森严，他急令士兵攻城，但都被击退。原来这杭州是清军的重要粮草基地，城内守军少说也有 1 万多人。他们并不出城反攻，只坚守城池，李秀成见三天三夜都未能攻下杭州，心中十万火急。突然天降大雨，城内守军都很疲惫，见太平军久攻不下，天又降雨，就躲进城堡休息，因为几天几夜没睡过好觉，清军倒在地上，就呼呼入睡。李秀成乘着雨夜，派 1000 多名勇士，用云梯偷偷爬上城墙，等守城兵士惊醒，城门已经大开，李秀成率部冲入城内，攻下了杭州。为了吸引围困天京的清军注意，李秀成下令焚烧清军的粮仓。

和春闻讯，知道杭州已失，断了后勤供应，急令副将张玉良率 10 万人马，火速援救杭州。洪秀全见清军已分兵解救杭州，于是下令天兵全线出击。李秀成攻下杭州，放火烧了粮仓之后，火速回兵天京；石达开也率部撤回天京。两路兵马会合一处并机智地绕道而行，避开了张玉良援救杭州精锐的部队，终于顺利地赶回天京。此时城内城外的太平军对清军形成夹击之势，清兵始料不及，左冲右突，阵势大乱，死伤 6 万余人，一败涂地。

最终清军惨败，天京由此解围。短时期内，清军已无力再杀回天京了。

智慧解读

围魏救赵在军事上是一个成功的谋略，历代屡用不鲜。围魏救赵在政治斗争中则表现为：围攻第三者，从而解救处于险境的人。这里围攻的情况又有多种。如果把围魏救赵提高到哲学角度加以分析后，就可以看出这是事物辩证发展普遍存在的一条规律。当人掌握与使用它时，就是一种策略；当人们具体运用与操作时，就是一种方法论。不但古代战争可用，现代战争也可用，各行各业都可用，并且都会获得奇迹般的效果。

第三计　借刀杀人

原文

敌已明，友未定[1]，引友杀敌[2]，不自出力，以《损》推演[3]。

注释

（1）敌已明，友未定：指打击的敌对目标已经明确，而盟友的态度却一时尚未确定。

（2）引友杀敌：引，引诱。引友杀敌，即引诱盟友的力量，去消灭敌人。

（3）以《损》推演：根据《损卦》"损下益上""损阳益阴"的逻辑去推演。

译文

敌人的情况已经明确，盟友的态度尚未确定。利用盟友的力量去消灭敌人，自己不需要付出什么力量，这是从《损》卦卦义的逻辑推演出来的。

按语

敌象已露，而另一势力更张[1]，将有所为，便应借此力以毁敌人。如：郑桓公将欲袭郐[2]，先向郐之豪杰、良臣、辨智、果敢之士，尽与姓名，择郐之良田赂之，为官爵之名而书之，因而设坛场郭门之处而埋之，衅之以鸡豭，若盟状[3]。郐君以为内难[4]也，而尽杀其良臣。桓公袭郐，遂取之。（《韩非子·内储说下》）诸葛亮之和吴拒魏，及关羽围樊、襄，曹欲徙都，懿及蒋济说曹曰："刘备、孙权外亲内疏，关羽得志，权心不愿也。可遣人蹑其后，许割江南以封权，则樊围自释。"曹从之，羽遂见擒。

注释

（1）敌象已露，而另一势力更张：敌象，攻击的对象。张：伸展。全句意为：打击对象已经明确，而另一种势力正在扩张。

（2）郐：西周分封的诸侯国。

（3）衅之以鸡豭，若盟状：衅，杀牲以血涂于器皿上祭祀。盟：在血祭前发誓缔约。全句意为：用公鸡、公猪等牺牲品举行血祭，好像发誓缔约结盟一样。

（4）内难：内乱。

按语之译文

打击的目标已经显露出来，而另一种势力又有所扩张，且将有所行动，这时便应借此势力，摧毁敌人。比如，郑桓公将要攻打郐国，先列了郐国的豪杰、良臣、辩智、英勇果敢之士的名单，公开张贴布告，说要选择郐国的良田赠送给他们，封给他们各种名称的官爵，并在城郊设起祭坛，把名单埋在地下，用公鸡、公猪做祭品，装做盟誓的样子。郐国国君以为国内这些豪杰、良臣要勾结郑国作乱，便按照以上公布的名单把他们一个个杀掉了。桓公看到郐国豪杰、良臣都已除尽，便马上攻打郐国，并占领了郐国（见《韩非子·内储说下》）。诸葛亮与吴国结盟，抗拒魏国。当关羽围攻魏地襄阳、樊城时，曹操想迁都，司马懿及蒋济劝说曹操道："刘备、孙权表面上是亲戚，内心里却隔阂很深。关羽得志，孙权内心是不甘愿的，因此，可以派人跟随孙权身后做说客，答应割让江南的土地封给孙权，这样，樊城的包围就会自然解开。"曹操听从此计，关羽终于兵败麦城，束手被擒了。

典故

春秋末期，齐国准备兴兵伐鲁。鲁国实力远远不及齐国，形势危急。孔子的弟子子贡分析形势，认为吴国可与齐国抗衡，可借吴国兵力挫败齐国军队。于是子贡游说齐相田常。田常当时蓄谋篡位，急欲铲除异己。子贡以"忧在外者攻其弱，忧在内者攻其强"的道理，劝他莫让异己在攻弱鲁中轻易主动，扩大势力，而应攻打吴国，借强国之手铲除异己。田常心动，但因齐国已作好攻鲁的部署，转而攻吴怕师出无名。子贡说："这事好办。我马上去劝说吴国救鲁伐齐，这不是就有了攻吴的理由了吗?"田常高兴地同意了。子贡赶到吴国，对吴王夫差说："如果齐国攻下鲁国，势力强大，必将伐吴。大王不如先下手为强，联鲁攻齐，吴国不就可抗衡强晋，成就霸业了吗?"子贡马不停蹄，又说服赵国，派兵随吴伐齐，解决了吴王的后顾之忧。子贡游说三国，达到了预期目标，他又想到吴国战胜齐国之后，定会要挟鲁国，鲁国不能真正解危。于是他偷偷跑到晋国，向晋定公陈述利害关系：吴国伏鲁成功，必定转而攻晋，争霸中原。劝晋国加紧备战，以防吴国进犯。

公元前484年，吴王夫差亲自挂帅，率10万精兵及3000越兵攻打齐国，鲁国立即派兵助战。齐军中吴军诱敌之计，陷于重围，齐师大败，主帅国书及几员大将死于乱军之中。齐国只得请罪求和。夫差大获全胜之后，骄狂自傲，立即移师攻打晋国。晋国因早有准备，击退吴军。子贡充分利用齐、吴、越、晋四国的矛盾，巧妙周旋，借吴国之"刀"，击败齐国；借晋国之"刀"，灭了吴国的威风。鲁国损失微小，却能从危难中得以解脱。这是典型的借刀杀人。

经典案例

朱元璋巧除敌将

1357 年冬，陈友谅手下的勇将赵普胜将朱元璋的爱将俞廷玉杀害。朱元璋心痛万分，决定借陈友谅的手除掉赵普胜。于是，他派出一名说客，潜入安兴城，故意结交赵普胜的门客赵盟。说客竭尽全力，渐渐与赵盟拉近了关系。

一天，说客故意将一封朱元璋写给赵盟的信交给赵普胜，让赵普胜心生疑惑，很快疏远了赵盟。赵盟此后坐卧不安，无奈，只能和说客一起逃到应天归顺了朱元璋。朱元璋格外优待赵盟，踢给他重金，并让他回陈友谅军中散布谣言，将赵普胜的逆反之举大肆宣传。

陈友谅听到传闻后，将信将疑，于是派使臣去赵普胜营中探听虚实。赵普胜是一个武将，自恃战功，素来对使臣傲慢无礼，对陈友谅也不是很尊乖。使臣回到营中，把赵普胜的狂妄自大都汇报给了陈友谅，陈友谅气不打一处来，于是亲自率领重兵来到安兴城。赵普胜慌忙前去迎接，却被陈友谅的亲兵一举拿下，赵普胜还没有来得及辩解，就已经身首异处。

朱元璋能够顺利除去赵普胜，得力于他两次妙用"借刀杀人"一计。先是巧妙地借用计谋破坏了赵普胜对门客赵盟的信任，利用赵盟的失意，用谣言中伤赵普胜，成功地破坏了陈友谅和赵普胜的关系，然后借陈友谅之手，杀死了毫无防备的赵普胜。赵普胜在毫不知情的状况下屈死，陈友谅还在为自己及时铲除了叛逆而暗自庆幸！这两个人，一个失去了性命，一个失去了大将，损失惨重，而幕后的策划者朱元璋却在一边坐收渔翁之利，甚是欢喜。

凤姐"借刀杀人"

王熙凤人称"凤姐"，是《红楼梦》中一个聪明能干而又阴毒的女人。

凤姐的丈夫贾琏早就对凤姐感到厌倦了。这一方面是因为凤姐没有为他传宗接代，另一方面是她后来总是病病歪歪的，引不起他的兴趣。于是，贾琏以先奸后娶的手段收俏丽的尤二姐做了二房。凤姐很宽容地将住在外边的尤二姐请进荣国府。表面上对尤二姐十分亲热体贴，实际上，凤姐是在等有利时机给尤二姐一些颜色看看。

机会终于来了。贾琏外出归来，其父贾赦赏给他一个 17 岁的女孩秋桐。贾琏没日没夜地和这个年轻的小妾厮磨在一起。对这个秋桐，凤姐自然也是切齿痛恨。不过，为了除掉尤二姐，凤姐先要把秋桐当成一把刀来使用。一旦借助秋桐除掉尤二姐，再解决这个小丫头则易如反掌。

凤姐开始挑唆秋桐去和尤二姐作对："你年轻不知事。她现在是二房奶奶，你爷心坎上的人。我还让她三分，你去硬碰她，岂不是自寻其死？"

这哪里是劝，明明是引风拨火。秋桐听后，越发恼了，口里骂道："奶奶是软弱人，那等贤惠，我做不来！奶奶素日的威风怎么都没了？奶奶宽宏大量，我却眼里揉不下沙子。让我和这娼妇做一回，她才知道呢！"秋桐说话时故意放大嗓门，以便让邻屋的尤二姐听到。气得尤二姐在房里哭泣，饭也不吃，又不敢告诉贾琏。

那尤二姐原是"花为肠肚，雪作肌肤"的人，经秋桐这一气，便恹恹得了一病,四肢懒动,渐次黄瘦下去,夜来合上眼,只做噩梦。尤二姐此时已身怀六甲,贾琏忙命人去请医生,偏偏请来的是个庸医。尤二姐用了他开的药,竟致流产。凤姐又叫人给尤二姐算命打卦,回来的人说这是"属兔的阴人冲犯了",而秋桐正是属兔的。凤姐劝秋桐说:"你暂且别处躲几日再来。"秋桐气得哭骂道:"别理那起饿不死的杂种,混嚼舌根!我和她'井水不犯河水',怎么就冲了她?好个'爱八哥儿'!在外头什么人不见?偏来了就冲了!我还要问问她呢!到底是哪里来的孩子?她不过哄我们那个棉花耳朵的爷罢了,纵有孩子,也不知张姓王姓的!奶奶稀罕那杂种羔子,我不喜欢!谁不会养?一年半载养一个,倒还是一点掺杂没有的呢!"

尤二姐听了这话,只觉得天旋地转。入夜,尤二姐独坐床边,感到世间人情淡漠,无可留恋,不如以死了却这无尽的烦恼与痛苦。尤二姐打开箱子,找出一块生金吞下,结束了自己年轻的生命。

而秋桐因气死了尤二姐,不免让贾琏生厌。虽然她死乞白赖地留了下来,但终归让贾琏不冷不热地丢在一边。

毫无疑问,这场斗争的真正的胜利者是凤姐。她巧妙地运用"借刀杀人"之计除掉了自己的对手。

智慧解读

"借刀杀人",巧在一个"借"字,即利用、借用。所谓"借",就是借用外部力量来帮助自己。自己缺兵少将,就多借用盟军的力量;直接杀敌有困难,就要设法使用他人的刀枪;资金不足,就要想法利用别人的金钱;缺乏物资,就千方百计让别人的物资为己所用；自己的谋略行不通，就试着采纳他人的智谋。总之，自己难以做到的事情，可以借助他人之手去做，无须亲自动手，便可坐得其利，这便是"借刀杀人"之计的妙用。

第四计　以逸待劳

原文

困敌之势[1]，不以战；损刚益柔[2]。

注释

（1）困敌之势：迫使敌人处于围顿的境地。

（2）损刚益柔：在敌我总的力量不变时，敌人由优势变劣势，由主动变被动，我方自然也就由劣势变优势，由被动变主动了。

译文

对敌人造成围困的形势，不一定要用直接进攻的方式，完全可以采用静守不战的战略，积极防御，因势利导，逐渐消耗敌人的再生力量，最后用敌方力量发展的命脉来扼杀它，可使"强敌"受损失而使"弱己"有所增益，使自己变被动为主动。这就是"损刚益柔"原理的演用。

按语

　　此即致敌之法也⁽¹⁾。兵书云："凡先处战地而待敌者佚⁽²⁾，后处战地而趋战者劳⁽³⁾。故善战者，致人而不致于人⁽⁴⁾。"兵书论敌，此为论势，则其旨非择地以待敌，而在以简驭繁，以不变应变，以小变应大变，以不动应动，以小动应大动，以枢应环也⁽⁵⁾。如管仲寓军令于内政，实而备之；孙膑于马陵道伏击庞涓；李牧守雁门，久而不战，而实备之，战而大破匈奴。

注释

　　（1）致敌之法：致，招引，引申为调动。致敌，即调动敌人。
　　（2）佚：同逸，安闲。指从容休整，养精蓄锐。
　　（3）劳：疲劳。
　　（4）致人而不致于人：即调动敌人而不被敌人所调动。
　　（5）以枢应环：枢，枢纽，引申为事物的关键。环：圆形之物。大意指把握事物的关键，从容应付周围事物的变化。

按语之译文

　　这是调动敌人的计策。兵书上说："凡是先进入战地等待敌人，就会显得安逸；后进入战地仓促应战，就会处于疲劳奔命的被动局面。所以，善于用兵的人，总是能调动敌人而不被敌人牵着鼻子走。"兵书上是讨论作战，这里主要是讨论（政治斗争）态势。其主旨主要不在于选择有利地形以待机歼敌，而是（强调）以简单驭繁杂，以不变应付万变，以小变应付大变，以静制动，以小的动作应付大的动作，以抓住关键应付周围各种环境和事变的各个环节。像管仲将治国备战寓于内政建设之中；孙膑在马陵道伏击庞涓；李牧坚守雁门，久不出战，而是不断充实军备，最终大破匈奴。

典故

战国末期，秦国少年将军李信率二十万军队攻打楚国，开始时，秦军连克数城，锐不可挡。不久，李信中了楚将项燕伏兵之计，丢盔弃甲，狼狈而逃，秦军损失数万。后来，秦王又起用王翦。王翦率领 60 万军队，陈兵于楚国边境。楚军立即发重兵抗敌。老将王翦毫无进攻之意，只是专心修筑城池，摆出一派坚壁固守的姿态。两军对垒，战争一触即发。楚军急于击退秦军，相持年余。王翦在军中鼓励将士养精蓄锐，休养生息。秦军将士人人身强力壮，精力充沛，平时操练，技艺精进，王翦心中十分高兴。一年后，楚军绷紧的弦早已松懈，将士已无斗志，认为秦军的确防守自保，于是决定东撤。王翦见时机已到，下令追击正在撤退的楚军。秦军将士人人如猛虎下山，只杀得楚军溃不成军。秦军乘胜追击，势不可挡，公元前 223 年，秦灭楚。

经典案例

重耳"退"灭楚军

公元前 655 年，晋国发生王位继承权争夺内乱，太子申生被逼死，他的弟弟重耳被迫逃亡国外。公元前 637 年，重耳流亡到了楚国。楚王觉得重耳以后有可能重回晋国夺取王位，因此对重耳非常热情。

　　一天，楚成王举行宴会招待重耳，气氛十分热烈。席间，成王见重耳有些醉意，便乘机试探："公子，如果将来能返回晋国执政，您将怎么报答我呢？"重耳没想到楚成王会在这种场合提出这样的问题，一时不知道该怎么回答。但凭他的政治经验，他还是很快回答道："大王，楚国美女如云，金玉珠宝成山，美丽鲜艳的羽毛、洁白细润的象牙、坚固耐用的皮革应有尽有。倾晋国所有，都比不上贵国一个零头。"重耳面带惭愧，稍事停歇又说："托您的福，重耳如能返回晋国夺得王位，一定不忘您的大恩大德。将来如晋、楚发生战争，我一定下令晋军后撤 90 里，以期大王谅解。"楚成王听了，虽然心里不怎么满意，也不好说什么。大将成子玉有点气不过，悄悄对楚成王说："重耳说话如此嚣张，日后一定忘恩负义，大王应该及早铲除他，不留后患。"楚成王并没有采纳他的意见。

　　之后，重耳历经磨难，终于回到晋国，坐上了国君宝座。他抓紧改革内政，扩充军队，国力迅速加强。公元前 635 年，楚国大将成子玉率兵进攻宋国。宋国一面抵抗，一面与晋国商讨派兵救援一事。重耳和众臣商量之后，决定派兵攻打刚刚投降楚国的曹、卫两国，如果楚军前往救援，宋国便可以逃过一劫。楚成王听说晋军接连攻下了曹、卫两国，慌忙命令成子玉撤离宋国。成子玉不自量力，私自发兵向晋军进攻。重耳命令晋军向后撤退，将士们都强烈反对，"堂堂晋军在楚军面前打退堂鼓，这是莫大的耻辱，会让诸侯嘲笑的。我们应该攻其不备，让他们措手不及。"大臣狐偃解释道："当年国君曾向楚王许诺，如果同楚军发生冲突，当'退避三舍'以报大恩。今日我军暂退三舍，不仅兑现了当年国君的诺言，还可以避开楚军锋芒，待其斗志松懈再与之交战，这样就可以胜券在握。"晋军将士一退九十里，在城濮（今山东省鄄城县南）停下后，列阵等待楚军。重耳坐卧不安，既担心晋军从未与强大的楚军交锋过，又害怕诸侯会怪罪他的忘恩负义。忽然，帐篷外歌声大作，将士们个个士气饱满，积极准备迎敌，重耳顿时坚定了与楚国决一死战的信心。决战开始，重耳派出一队精兵强将，驾着战车猛力冲击楚军的薄弱环节。同时，他又指挥一部分主力部队，假装继续退兵，引诱楚军主力追击，将其带人晋军的埋伏圈，全部歼灭。晋军取得了全面胜利。

重耳借"退避三舍"从容布阵，正是妙用了"以逸待劳"之计，以静对动，掌握了主动权，积极调动敌人，待机而动，不仅在敌人疲惫不堪、无以应对时将其一举攻下。而且因为舍弃了诸多不必要的盲目行动，为晋军减少了许多无谓牺牲。

曹刿论战

春秋时候，鲁国是一个很弱小的国家，经常受到邻国的欺负。一次，齐国派兵攻打鲁国，鲁国国君鲁庄公和自己的亲信曹刿一直率兵迎战。古代作战有一个规矩，敌对双方要等排好阵势后，再击鼓进军。

齐鲁交战后，齐国先擂起了战鼓。齐兵喊杀震天，铺天盖地向鲁军冲来。鲁庄公马上想击鼓出兵还击，被曹刿制止了。

曹刿说："现在敌人势头正旺，您如果下令出击，我们的士兵肯定打不过他们。这时候，我们最好严阵以待，原地迎击敌人，这样，敌人在冲锋的过程中消耗了体力，而我们的将士却精神饱满，最后的胜利一定属于我们。"鲁庄公觉得有道理，命令士兵原地不动，做好战斗准备。齐国军队冲上来时，见鲁军队列整齐，战旗猎猎，估计不容易冲破他们的防线，只得退兵。

不久，齐军再次击鼓，鲁军还是原地不动。齐国将士以为鲁军胆小，心里开始轻敌起来。等到齐军第三次击鼓时，他们的斗志开始懈怠了。

曹刿看到齐军两次进攻后疲惫不堪，且面露骄色，就对鲁庄公说："大王，现在是我们出击的时候了！"于是，鲁庄公击鼓迎战。鲁军在敌人前两次进攻时，一直守在原地未动，因此早就蓄势待发，希望与敌人决一死战。一听到进攻的战鼓，他们一个个如离弦之箭，锐不可挡，奋勇当先，如潮水般地向齐军冲去。齐军根本没有想到鲁军还有这样饱满的士气和昂扬的斗志，一个个吓得抱头鼠窜，哪里还有勇气作战。结果被鲁军打得落花流水，大败而归。

后来，鲁庄公问曹刿："你为什么要等到敌人第三次击鼓时，才让我出兵迎战呢？"曹刚回答说："打仗，靠的就是士兵的一股勇气。一般来说，第一次击鼓时，士兵的勇气都很旺盛，就像猛虎下山，威力无比，千万不可硬碰。第二次击鼓时，士兵的斗志就开始松懈。等到第三次击鼓时，士兵的士气就彻底衰退，精神也就一蹶不振，战斗力自然就不强了。"

鲁庄公听后大加赞赏，亲自赏给曹刿一杯庆功酒。

智慧解读

"以逸待劳"，是指当敌方气焰高涨时，为了避开敌人的锋芒，有力地增强自己的兵力，首先应该主动采取守势，进行积极防御的同时，养精蓄锐，有效地控制敌人，巧妙周旋，调动其在预设的战场上四处奔命，待敌人疲劳混乱、锐气减退、敌我态势发生变化时，迅速转守为攻，乘机出击取胜。此计强调：要想让敌方处于困难的境地，不一定只有进攻之法。关键在于适时地掌握主动权，伺机而动，以不变应万变，以静制动，积极调动敌人，努力牵着敌人的鼻子走，创造决胜机会。所以，此计中的"待"切不可理解为消极被动的等待，相反，它是积极主动的反击准备。

第五计　趁火打劫

原文

敌之害大[1]，就势取利，刚决柔也[2]。

注释

（1）敌之害大：害，指敌人所遭遇到的困难，危厄的处境。

（2）刚决柔也：决，冲开、去掉，这里引申为摈弃、战胜。王夫之《周易内传》卷三说："夫之为言决也，绝而摈之于外，如决水者不停贮之。决而任其所往。"全句意为：乘刚强的优势，坚决果断地战胜柔弱的敌人。

译文

敌人的处境艰难，我方正好乘此有利时机出兵，坚决果断地打击敌人，以取得胜利。这是从《周易》夬卦象辞"刚决柔也"一语中悟出的道理。

按语

敌害在内，则劫其地；敌害在外，则劫其民；内外交害，则劫其国。如：越王乘吴国内蟹稻不遗种而谋攻之[1]，后卒乘吴北会诸侯于黄池之际[2]，国内空虚，因而捣之[3]，大获全胜。

注释

（1）蟹稻不遗种：蟹，螃蟹。种，种子。全句意为：螃蟹和稻谷连种子都没有留下，说明发生大旱灾，处于危急之中。

（2）乘吴北会诸侯于黄池之际：黄池，中原地名。吴，这里指吴王夫差。全句意为：趁吴王夫差到黄池与诸侯会盟的机会。

（3）因而捣之：因，凭借。全句意为：趁此有利时机，打击敌人。

按语之译文

敌人国内处境艰难，就乘机占领其土地；敌人受到邻国的侵略，就乘机掠夺其民众；敌人内外交困，就乘机占领其国家。例如：越王勾践乘吴国发生大旱灾、连螃蟹和稻谷的种子都没有留下的机会策划进攻吴国。后来终于等到吴王夫差率领精锐部队到黄池与诸侯会盟从而造成国内空虚的机会，乘势大举进攻，很快灭亡了吴国，取得大胜。

典故

春秋时期，吴国和越国相互争霸，战事频繁。经过长期战争，越国终因不敌吴国，只得俯首称臣。越王勾践被扣在吴国，失去行动自由。勾践立志复国，10年卧薪尝胆，表面上对吴王夫差百般奉迎，终于骗得夫差的信任，被放回越国。回国之后，勾践依然臣服吴国，年年进献财宝，麻痹夫差。而在国内则采取了一系列富国强兵的措施。越国几年后实力大大加强，人丁兴旺，物资丰足，人心稳定。吴王夫差却被胜利冲昏了头脑，被勾践的假象迷惑，不把越国放在眼里。他骄纵凶残，拒绝纳谏，杀了一代名将忠臣伍子胥，重用奸臣，堵塞言路。生活淫靡奢侈，大兴土木，搞得民穷财尽。公元前473年，吴国颗粒无收，民怨沸腾。越王勾践趁吴王夫差北上和中原诸侯在黄池会盟的时机，大举进兵吴国，吴国国内空虚，无力还击，很快就被越国击破灭亡。勾践的胜利，正是乘敌之危，就势取胜的典型战例，即所谓的"趁火打劫"。

经典案例

多尔衮"趁火打劫"

努尔哈赤、皇太极都早有入主中原的打算，只是直到去世都未能如愿。顺帝即位时，年龄太小，只有 7 岁，朝廷的权力都集中在摄政王多尔衮身上。多尔衮对中原早就有攻占之意，想在他手上建立功业，已遂父兄未完成的入主中原的遗愿。他时刻虎视眈眈地注视着明朝的一举一动。

明朝末年，政治腐败，民生凋敝。崇祯皇帝宵衣旰食，倒想振兴大明。可是，他猜疑成性，贤臣良将根本不能在朝廷立足，他一连更换了十几个宰相，又杀了明将袁崇焕，他的周围都是些奸邪小人，明朝崩溃大局已定。

公元 1644 年，李自成率农民起义军一举攻占京城，建立了大顺王朝。可惜农民进京之后，立足未稳，首领们渐渐腐化堕落。明朝名将吴三桂的爱妾陈圆圆也被起义军将领掳去。吴三桂本是势利小人，惯于见风使舵。他看到明朝大势已去，李自成自立为大顺皇帝，本想投奔李自成巩固自己的实力。而李自成胜利之后，滋长了骄傲情绪，没把吴三桂看在眼里，抄了他的家，扣押了他的父亲，掳了他的爱妾。本来就朝三暮四的吴三桂，"冲冠一怒为红颜"，终于投靠大清，借清兵势力消灭李自成。多尔衮闻讯，欣喜若狂，认为时机成熟，可以实现多年的愿望了。这时中原内部战火纷飞，李自成江山未定，于是多尔衮迅速联合吴三桂的部队，进入山海关，只用了几天的时间，就打到京城，赶走了李自成，奠定了大清占领中原的基础。

智慧解读

趁火打劫是乘人之危劫掳别人财物或有某种个人企图而把别人搞垮，一言以蔽之，就是把自己的利益建筑在别人的痛苦之上。此计用在军事上是指当敌人遇到麻烦或危难的时候，就要乘此机会出兵攻击，制服对手。在政治斗争中则表现为，当对手内部有乱或处于险境时，要趁机打击他，这同落井下石有相通之处。在现代的经济斗争中，其应用与政治和军事上有相同的含义，即趁对手处于危险境地时，落井下石，从而使自己获得利益。

第六计　声东击西

原文

敌志乱萃[1]，不虞[2]，坤下兑上之象[3]，利其不自主而取之[4]。

注释

（1）萃：野草丛生。

（2）不虞：不加戒备，不及防备，意料不到的意思。

（3）坤下兑上之象：喻指聚在一起的是一潭高出地面的死水，迟早会溃决。

（4）不自主：即不能自主地把握自己的前进方向和攻击目标。全句意为：敌人不能把握自己的前进方向，这对我方有利，应趁机进攻、打击敌人。

译文

敌人处于心迷神惑、行为紊乱、意志混沌的状态时，就像处于高出地面的沼泽，溃决之势已成，不能正确预料和应付突发事件。此时，应该利用他们心智混乱，无法自主把握前进方向的时机，灵活机动地运用时东时西，似进似退的战略，造成对方的错觉，进而出其不意地将其一举消灭。

按语

西汉，七国反，周亚夫坚壁不战[1]。吴兵奔壁之东南陬，亚夫便备西北；已而，吴王精兵果攻西北，遂不得入。此敌志不乱，能自去也。汉末，朱隽[2]围黄巾于宛，张围结垒起土山以临城内，鸣鼓攻其西南，黄巾悉众赴之，隽自将精兵五千，掩其东北，遂乘虚而入。此敌志乱萃，不虞也。然则声东击西之策，须视敌志乱否为定。乱，则胜；不乱，将自取败亡，险策也！

注释

（1）周亚夫：西汉名将、景帝时任太尉，平定吴楚七国之乱，迁为丞相；后因其子私买御物下狱，绝食而死。

（2）朱隽：东汉会稽上虞（今属浙江）人，字公伟。任右中郎将，与皇甫嵩等镇压颍川，汝南、陈国等地黄巾军，又围攻南阳赵弘、韩忠、孙夏等黄巾军。后任右车骑将军，太尉，封钱塘侯。

按语之译文

西汉时，吴、楚等七国作乱。太尉周亚夫掘深沟建壁垒，坚守不战。吴军佯攻东南，周亚夫则加强西北的防守；一会儿之后，吴军精兵果然进攻西北，最终徒劳无功而回。这说明敌人神智不乱，能自己离去。东汉末年，右中郎将朱隽围困黄巾军于宛城（今河南南阳），他一面展开包围，一面垒起小山，居高临下观察城内动静，然后鸣鼓佯攻西南。黄巾军悉数赴守西南，而朱隽则亲率五千精兵攻击东北，得以乘虚而入。这是敌人神智慌乱，对战场形势不能正确预料和判断的结果。声东击西的计策能否成功，必须要看敌人是否能被迷惑。敌人慌乱而不能自主，就能取胜；敌人不慌乱，说明敌人没有上当，这时候使用此计，就有可能是自取灭亡。所以说，这是一个有风险的计策。

典故

东汉时期，班超出使西域，目的是团结西域诸国共同对抗匈奴。为了使西域诸国便于共同对抗匈奴，必须先打通南北通道。地处大漠西缘的莎车国，煽动周边小国，归附匈奴，反对汉朝。班超决定首先平定莎车。莎车国王北向龟兹求援，龟兹王亲率 5 万人马，援救莎车。班超联合于阗等国，兵力只有 25000 人，敌众我寡，难以力克，必须智取。班超遂定下声东击西之计，迷惑敌人。他派人在军中散布对班超的不满言论，制造打不赢龟兹，有撤退的迹象。并且特别让莎车俘虏听得一清二楚。这天黄昏，班超命于阗大军向东撤退，自己率部向西撤退，表面上显得慌乱，故意放俘虏趁机脱逃。俘虏逃回莎车营中，急忙报告汉军慌忙撤退的消息。龟兹王大喜，误认班超惧怕自己而慌忙逃窜，想趁此机会，追杀班超。他立刻下令兵分两路，追击逃敌。他亲自率 10000 精兵向西追杀班超。班超胸有成竹，趁夜幕笼罩大漠，撤退仅十里地，部队即就地隐蔽。龟兹王求胜心切，率领追兵从班超隐蔽处飞驰而过，班超立即集合部队，与事先约定的东路于阗人马，迅速回师杀向莎车。班超的部队如从天而降，莎车猝不及防，迅速瓦解。莎车王惊魂未定，逃走不及，只得请降。龟兹王气势汹汹，追走一夜，未见班超部队踪影，又听得莎车已被平定，人马伤亡稍重的报告，大势已去，只有收拾残部，悻悻然返回龟兹。

班超之所以在敌众我寡的情况下打赢这场战争，这主要是得力于班超采用声东击西、故意迷惑敌人的计策。

经典案例

韩信木罂渡黄河

韩信的"木罂渡河"一役也可以称为战争史上的经典之作。不仅渡河的方式奇特，不是用船，而是用"木罂"。其战略步骤更为奇特，先是"声东击西"，然后击西之后还要击东，让敌人完全处于被动挨打的状态。

汉王三年（公元前 204 年）九月，项羽亲率大军东征彭越，刘邦趁机派郦食其前往齐国劝降。与此同时，韩信也按照刘邦之命率兵东进，准备攻打齐国。

当韩信到达平原（今山东平原南）时，齐王田广听从郦食其的劝说，背楚降汉，于是韩信就想停止前进。时值齐国说客蒯通来投，对韩信说："将军奉汉王之命去攻齐，今汉王又暗中派人去劝降，既无汉王命令，将军怎能按兵不动呢？再说郦食其仅凭三寸不烂之舌就说降了齐国70多座城池，而将军数万人马征战一年，才攻下赵国50多座城池。你一个堂堂大将军，尚不及一白面书生吗？"一席话终于使韩信下了最后的决心，于是下令大军渡河，继续向齐地进发。

齐王田广听从郦食其劝降之后，对韩信的行动毫无戒备，天天同郦食其饮酒作乐。汉四年十月，韩信率大军突袭齐国在历下（今山东济南西）的守军，直逼齐国都城临淄（今山东淄博）。齐王以为受了骗，一怒之下将郦食其烹死在油锅里。之后，勿忙领兵逃到高密（今山东高密西南），同时派人向项羽求援。项羽立即派大将尤且率军20万，与齐王会合，齐、楚联军准备迎战韩信。

尤且手下谋士献计说："汉军长途奔袭，远斗穷战，锐不可挡；齐军在本土作战，牵挂家室，容易溃散。因此，最好的办法是令军士挖沟筑垒，让那些已丢失了城邑的人知道齐王还在，楚王发了救兵，这样他们就会纷纷起兵反攻韩信。汉军处处受敌，断绝给养，定会不战自退。"尤且不以为然，他有自己的算盘。此番率军前来，名为救齐，实则是想趁机夺占齐地。他对其心腹说："我军此番前来是为了救齐，如汉军不战而降，我还有什么功劳呢？现在我战而胜之，齐国大半疆土岂不唾手可得？"但是，尤且做梦也没有想到，韩信正连夜为这位骄傲的将军准备墓地。几天以后，两军在潍河两岸摆开阵势，尤且在河东，韩信在河西，准备交战。

韩信仔细观察战场地形，决定再用水战破敌。他连夜秘密派人装满10000多个沙袋，将潍水上游堵起来，这样下游河水变浅了。

次日上午，韩信率军过河进攻尤且。尤且见状，毫不示弱。亲率大军迎敌。双方未战几合，韩信佯败退兵。尤且不知是计，以为汉军无能，得意地说："我早知道韩信胆小。"于是，传令全军渡河追赶，想一举消灭韩信。当齐、楚联军刚刚冲到河心，韩信暗令埋伏在上游的汉军扒开沙袋，飞奔而下的大水将正在渡河的齐、楚联军截为两段，被大水卷走的士兵不计其数。韩信回兵掩杀过去，一举全歼了已过河的齐、楚联军，齐王逃跑，尤且战死，留在东岸尚未渡河的齐、楚联军见主帅已死，纷纷弃甲曳兵，落荒而逃。就这样，汉军一举占领了齐国全境。

韩信平定齐国，楚汉之间已势均力敌，谁胜谁负，韩信起着举足轻重的作用。

刘邦为争取韩信，采纳张良、陈平的建议，封韩信为齐王。项羽也派说客武涉往见韩信，劝韩信绝汉和楚，三分天下，为一方之主。韩信义正辞严地说："臣侍项王，官不过郎中，位不过执戟（执戟侍卫），言不听，画（谋划）不用，故背楚而归汉。汉王授我上将军印，予我数万众，解衣衣我，推食食我，言听计用，故吾得以至于此。夫人深亲信我，我背之不祥，虽死不易。"使者回禀项羽，项羽叹口气道："想不到韩信这个胯下小儿，居然如此忠信，悔当初未能重用他！"

韩信连克魏、代、赵、燕、齐五国，占领了长城以南、黄河以北和山东的大部分地区，取得了北面战场的全部胜利，完成了对成皋楚军的战略包围，有力地支持了刘邦在正面战场上的作战，为刘汉政权的最后胜利奠定了坚实的基础。

在对魏、赵、齐的作战中，韩信因宜用兵，根据不同的情况，分别采取了声东击西、背水列阵和断水塞流的战法，显示了这位历史名将善于先计后战和出奇制胜的作战特点。

智慧解读

"声东击西"之计一般用在己方处于进攻态势的情况下。"声东"旨在虚晃一枪，所击之"西"才是主攻目标。因此，此计的重点在于对我方的企图和行动绝对保密，制造假象、佯动误敌来伪装己方的攻击方向，转移敌人的目标，使其疏于防范，让"西"成为敌方的不备或不及之地，然后乘其不备，发动突然进攻，一举击败敌人，出奇制胜。

第二套　敌战计

　　敌战计，是三十六计中的第二套计，共有六计：无中生有，暗度陈仓，隔岸观火，笑里藏刀，李代桃僵，顺手牵羊。敌战计，属于双方处于势均力敌态势时所用的计谋。

　　在敌我双方势均力敌的形势下，不管双方兵力如何，用计谋迷惑敌人，使敌人上我之圈套，然后乘机消灭之。

第七计　无中生有

原文

　　诳也，非诳也，实其所诳也[1]。少阴、太阴、太阳[2]。

注释

　　（1）诳也，非诳也，实其所诳也：诳，欺诈、诳骗。实，实在，真实，此处作意动词。句意为：运用假象欺骗对方，但并非一假到底，而是让对方把受骗的假象当成真象。

（2）少阴、太阴、太阳：这里少阴是指稍微隐蔽的军事行动，太阴是指大的秘密军事行动，太阳则是指大的、公开的军事行动。全句意为：在稍微隐蔽的行动中隐藏着大的秘密行动。大的秘密行动，也许正是在非常公开的、大的行动掩护下进行。

译文

用虚假情况迷惑敌人，但又不完全是虚假情况，因为在虚假情况中，又有真实的行动。在稍微隐蔽的军事行动中，隐藏着大的军事行动；大的隐蔽的军事行动，又常常在非常公开的、大的军事行动中进行。

按语

无而示有，诳也。诳不可久而易觉，故无不可以终无。无中生有，则由诳而真、由虚而实矣。无不可以败敌，生有则败敌矣。如令狐潮围雍丘，张巡缚蒿为人千余[1]，披黑衣，夜缒[2]城下，潮兵争射之，得箭数十万。其后复夜缒人，潮兵笑，不设备，乃以死士五百砍潮营，焚垒幕，追奔十余里。

注释

（1）张巡：（709－757）唐开元间进士。安史之乱时，以真源县（今河南鹿邑县东）令的身份起兵守雍丘（今河南杞县），抵抗安禄山军。757年移守睢阳（今河南商丘），与太守许远共同作战，在内无粮草、外无援兵的情况下平守数月不屈。睢阳失守后遇害。

（2）缒：用绳子系住人或物，从上往下送，为古代防守时一种出城方法。

按语之译文

本来没有而向敌方表示有，这是一种欺骗；但这种欺骗手段不可能长期有效，因为欺骗毕竟容易被发觉，所以，没有，就不宜始终没有；从没有变为有，就是从欺骗变为真实，从空虚而变为实在。虚无和假象毕竟不能打败敌人；从虚无和假象中生出的真实才能打败敌人。如唐代令狐潮包围了雍丘城，雍丘守将张巡令把千余个披着黑衣的草人乘夜用绳子缒列城下，令狐潮部将发觉后，以为城内出兵偷袭，纷纷放箭，张巡因此获得数十万支箭。此后，张巡又乘夜把将士缒下城去，令狐潮部将发觉后，讥笑张巡故技重演，不做戒备。张巡以敢死之士五百人杀奔令狐潮营垒，焚毁营垒，追杀十余里而还。

典故

唐朝安史之乱时，许多地方官吏纷纷投靠安禄山、史思明。唐将张巡忠于唐室，不肯投敌。他率领两三千人的军队坚守孤城雍丘城（今河南杞县）。安禄山派降将令狐潮率四万人马围攻雍丘城。敌众我寡，张巡虽取得几次突击出城袭击的小胜，但无奈城中箭只越来越少。赶造不及。没有箭只，很难抵挡敌军攻城。张巡想起三国时诸葛亮草船借箭的故事，心生一计。他急命军中搜集秸草，扎成千余个草人，将草人披上黑衣，夜晚用绳子慢慢往城下吊。

夜幕之中，令狐潮以为张巡又要乘夜出兵偷袭，急命部队万箭齐发，急如骤雨。张巡轻而易举获敌箭数十万支。令狐潮天明后，知已中计，气急败坏，后悔不迭。第二天夜晚，张巡又从城上往下吊草人，贼众见状，哈哈大笑。张巡见敌人已被麻痹，就迅速吊下五百名勇士，敌兵仍不在意。五百勇士在夜幕掩护下，迅速潜入敌营，打得令狐潮措手不及，营中大乱。张巡乘此机会率部冲出城来，杀得令狐潮大败而逃，损兵折将，只得退守陈留（今开封东南）。张巡巧用无中生有之计保住了雍丘城。

经典案例

李广布疑云

飞将军李广带 100 多名骑兵单独行动，路上望见匈奴骑兵有几千人。匈奴看见李广等只有 100 多骑兵，以为是诱兵之计，都很惊疑，于是奔驰到山地摆好阵势。李广的部下毫无准备，遇见多于自己几十倍的敌人都很恐惧，想要驰马逃回。李广说："我们离开自己的大队人马已数十里，如果现在这样逃走，匈奴人必然追射我们，那就会被他们消灭。如果我们留在此地，匈奴人就会认为我们是大军的诱饵，不敢出击。"于是命令所有骑兵："向前进！"一下行进到离匈奴阵地二里的地方才停下来。李广又命令说："都解下马鞍，原地休息。"手下的骑兵焦虑地问："敌人众多，而且离得很近，万一有事，我们怎么办？"李广答："那些匈奴人是预计要我们往回走，然后好来追杀，现在我们偏要解下马鞍表示不走。"果然匈奴骑兵未敢出击。这时，胡人方面走出一个骑白马的将领，试图监护他的兵，李广立即与十几个骑兵上马，驰马奔射，杀死了白马将，然后又回到原处解下马鞍，命令士兵都纵马而卧，等到天快黑了，胡兵始终感到很奇怪，不敢出击。半夜时分，匈奴人担心埋伏的军队要夜袭他们，于是全部撤离。第二天清早，李广带领百余人，平安返回大军。

张兴世袭击钱溪

宋明帝泰始元年（465），南朝刘彧杀了亲兄刘子业，自己当了皇帝。权力更迭，引起了一片混乱。泰始二年，刘子勋在浔阳（今江西九江）称帝，并进军繁昌、铜陵，直逼刘彧的国都建康（今江苏南京）。刘彧调遣主力部队前去讨伐。刘子勋派部将孙冲文镇守赭圻（今安徽繁昌县西南），派刘胡镇守鹊尾（今铜陵境内）。刘彧派龙骧将军张兴世率水军沿江南下，一举攻占了湖口的两座城镇后，便在鹊尾洲受阻。在两军对峙的形势下，张兴世主张用一支精干部队占据上游要点，切断刘子勋军前后联系，以寻找战机，出奇制胜。钱溪位于钱江上游，地形险要，江面水流湍急且多旋涡，来往船只到此都要停泊，是刘子勋军的咽喉要地。于是，张兴世决定从这里突破。钱溪守军刘胡的部队力量不弱，张兴世便决定智取。他派出几只船快速向上游行驶，钱溪守军发觉后正要采取行动，张兴世的船只却马上掉头回走了。一连数日，天天如此，钱溪守军也就习以为常了。一天晚上，张兴世率大批战船，扬帆猛进，刘胡起初以为又是虚张声势，不加理会，后来听说来的真是大批战船，才派出一部分船只，监视张兴世的动向。第二天傍晚，张兴世在景江浦停下来，刘胡的船也停在对岸。晚上，张兴世率全部战船迅速地进入钱溪，刘胡派去监视的船只一时弄不清敌方的目的，又不明白己方主将的意图，眼睁睁看着张兴世的战船全部进入钱溪了。待到刘胡明白过来，再派船队攻打时，张兴世已经做好防守准备。刘胡船只慌忙中进入江中旋涡，拥挤不堪，行动迟缓，与陆上步兵又失去协同，终于大败而走。

智慧解读

"无中生有"之计，不是真实意义上的瞒骗，而是将某些假象示于对手，使对方相信它的真实性，然后把这些假象突然变为现实，让对方毫无心理准备，措手不及，从而击败对手。

此计谋可以理解为以下几种含义：一是凭空捏造情节，处处散布谣言，把本来不存在的东西说成存在的，让对方思想混乱。其目的是乘机消灭敌人，获取利益。二是以假乱真，把假的东西装扮成真的，最后再将其巧妙地转换成真的。以此来迷惑敌人，使敌人掉以轻心，从而趁势将其打败。

第八计　暗渡陈仓

原文

示之以动⁽¹⁾，利其静而有主，益动而巽⁽²⁾。

注释

（1）示之以动：示，给人看。动，此指军事上的正面佯攻、佯动等迷惑敌方的军事行动。

（2）益动而巽：益和巽，都是《易经》的卦名。《易经·益·象》说："益动而巽，日进无疆。"是说益卦下卦为震、为动，上卦为巽、为风、为顺。意思是说，行动合理、顺理，就会天天顺利，无有止境。又解：益，收益；巽，为动、为前进。联系本计，意为：表面上，努力使行动合乎常情；暗地里，主动迂回进攻敌人，必能有所收益。

译文

故意采取佯攻行动，利用敌人已决定固守的时机，暗地里迂回到敌后进行偷袭，乘虚而入，出奇制胜。

按语

奇出于正(1)，无正不能出奇。不明修栈道，则不能暗渡陈仓。昔邓艾屯白水之北(2)，姜维遣廖化屯白水之南(3)，而结营焉。艾谓诸将曰："维令卒还，吾军少，法当来渡，而不作桥，此维使化持我，令不得还。必自东袭取洮城矣。"艾即夜潜军，径到洮城。维果来渡。而艾先至，据城，得以不破。此则是姜维不善用"暗渡陈仓"之计；而邓艾察知其"声东击西"之谋也。

注释

（1）奇、正：最基本的谋略范畴，也是最基本的兵法术语。正即正常，奇即奇特。

（2）邓艾：三国名将。初为司马懿掾属，建议屯田两淮，广开漕渠、后为魏镇西将军，与蜀将姜维相拒。景元四年（263年），同钟会分军灭蜀。后因钟会诬其谋反被杀。

（3）姜维：三国名将。天水冀县（今甘肃甘谷）人、字伯约。本为魏将，后归蜀，得到诸葛亮重用，任征西将军。诸葛亮死后任大将军，屡攻魏无功。后被迫降魏。264年，拟叛魏复蜀，事败被杀。

按语之译文

用兵的奇策是从正常的用兵方法中产生的。只有诱使敌人按正常的用兵原则来判断我方的行动意图，才能达到出奇制胜的目的。不明修栈道来吸引敌人，就不能达到暗渡陈仓的军事目的，三国时候，魏将邓艾屯军白水北岸，蜀将姜维派将军廖化屯驻白水南岸，并安营扎寨，作久持之状。邓艾便对诸将说："姜维突然还军同我对峙，我军兵少，按一般的军事常识，蜀军应渡水同我接战，而至今仍不修桥作渡水准备。据此可以判定，姜维的意图是让廖化与我相持，以吸引我方兵力，使我不得还军，而姜维自己必定乘机东袭洮城。"邓艾即率军乘夜秘密还军洮城。果如邓艾所料，姜维率军至洮城，而邓艾已先期到达，据城防守，因此，而不被蜀军所破。这就是姜维不善于运用暗渡陈仓的计谋而邓艾洞察姜维声东击西之谋的战例。

典故

秦朝末年，政治腐败，群雄并起，纷纷反秦。刘邦的部队首先进入关中，攻进咸阳。势力强大的项羽进入关中后，逼迫刘郑退出关中。鸿门宴上，刘邦险些丧命。刘邦此次脱险后，只得率部退驻汉中。为了麻痹项羽，刘邦退走时，将汉中通往关中的栈道全部烧毁，表示不再返回关中。其实刘邦一天也没有忘记一定要击败项羽，争夺天下。

公元前206年，已逐步强大起来的刘邦派大将军韩信出兵东征。出征之前，韩信派了许多士兵去修复已被烧毁的栈道，摆出要从原路杀回的架势。关中守军闻讯，密切注视修复栈道的进展情况。并派主力部队在这条路线各个关口要塞加紧防范，阻拦汉军进攻。

韩信"明修钱道"的行动，果然奏效，由于吸引了敌军的注意力，把敌军的主力引诱到了栈道一线，韩信立即派大军绕道到陈仓（今陕西宝鸡市东）发动突然袭击，一举打败章邯，平定三秦，为刘邦统一中原迈出了决定性的一步。

经典案例

诺曼底登陆战

1943年11月28日，斯大林、罗斯福、丘吉尔在德黑兰会晤，决定于 1944 年上半年在欧洲开辟第二战场，即从欧洲西部登陆，直接对德国作战。当时，在法国西北部有三处比较合适的登陆地区，即康坦丁半岛、诺曼底地区和加莱地区。为了选择最佳方案，丘吉尔同艾林豪威尔将军召集三军参谋进行了认真的比较、研究，从而制订了在诺曼底登陆的"霸王"行动计划。

为了减少牺牲，盟军指挥部决定运用"暗渡陈仓"的办法，制造假象，使希特勒错误地判断盟军的登陆地区是加莱而不是诺曼底，以确保在诺曼底登陆成功。为此，盟军实施了一系列疑兵之计——

第一，为了显示盟军将在加来登陆，盟军在东海岸的肯特设置了一个假司令部，发出了大量电讯，其空中无线电报务量多于其他真司令部的报务量，使希物勒判断盟军的总司令部就设在肯特。

第二，巴顿是美国以勇猛著称的将领，他的英勇善战使德军上下一听到巴顿的名字，便如同听到瘟神到来一样的可怕。因此，德军统帅部分析，巴顿在哪里出现，哪里就会有大的军事行动，而盟军要在欧洲西部登陆，担任主攻任务的司令官非巴顿莫属。艾林豪威尔将军根据敌统帅部这一心理，故意让巴顿在肯特街头散步、亮相，以让德国间谍向其统帅部报告这一重要"情报"。

第三，英军参谋部用木料、蓬布、汕漆等等材料，制造了成千上万门假大炮、假坦克和假登陆船，并把这些东西"部署"在英国东南部距法国加莱海峡最近处。

第四，盟军在肯特郡堆放了许多假造的滑翔机，故意派出一些卡车在森林中贮备有大量的军用物资供应加来的登陆部队。

第五，盟军经常派出轰炸机同时对加莱和诺曼底两个地区的德军军事目标实行战略轰炸，而有意识地使两地的投弹比例 2：1，以让德国人相信加莱是登陆地区，而轰炸诺曼底不过是掩人耳目。

第六，进攻前夕，英军派出一大批飞机，在空中撒下了不计其数的锡箔片，使德军从海岸雷达上看来，好像是一支大船队正从第厄普向东驶出，开往加莱。

事实证明，上述疑兵之计完全达到了预期的战略目的。

德军统帅部根据形势的发展，判断盟军可能在1944年进攻西欧。并认为倘若能一举击溃盟军在西欧的登陆部队，就会使盟军与苏军两面夹击德军的企图破产。这样，德军就能够抽出50个师的兵力来加强东线，阻止苏军的进攻，从根本上扭转德军的败局。

为此，德军研究制订了集中大部兵力、兵器于敌人可能登陆的主要方向上的抗登陆方针，然而，盟军的登陆方向成了问题的关键。于是德国统帅派出了大量的间谍，并且多次派遣飞机越过英吉利海峡进行空中侦察，但英国政府为了保住"霸王"行动的秘密，防止其间谍搜集并传递情报，明令规定"1944年4月1日以后，从沃信起至康活尔半岛一带的海域及由海岸向内陆延伸16公里的地区为军事禁区；暂时取消外交邮袋特权，用密语通信不予投递，外国驻伦敦外交人员及其家属在6月底前一律不得离开英国"等，从而致使德国的间谍一直没有搞到有关"霸王"行动的确切情报。德国的侦察飞机在上空拍了许多照片，只见加莱对面的英国多佛尔港附近聚集着无数坦克、大炮和军用卡车，犹如百万雄师整装待发。

通过上述种种迹象，希特勒及德国统帅部判定，盟军的登陆地点选在加莱，并根据这一判断在加莱部署了23个师，沿海岸修筑了一道纵深6公里的坚固的防御地带。希特勒及德国统帅部上当了。

1944年6月5日凌晨，是盟军预定进攻的时刻。然而此时英吉利海峡狂风大作、恶浪滔天，气候条件极恶劣，不利于部队进攻。"霸王"行动总指挥艾森豪威尔将军和许多高级军官们聚集在索斯克公寓。艾森豪威尔默默地沉思着，是按计划实施进攻还是延期？过了一会儿，他抬起头，炯炯有神的目光环顾了一下之后，斩钉截铁地下达命令："出发！"

于是，盟军的千军万马从空中、海上争先恐后地向诺曼底挺进，并克服了恶劣的气候，顺利地在诺曼底登陆。

此时，设在巴黎的德军司令部接到了盟军在诺曼底大举进攻的报告，而德国陆军元帅龙德施泰特却认为这不过是盟军"声东击西"的计谋，目的是为了掩护在加莱的登陆而已。西线德国海军部队从海岸雷达上看到一支庞大的舰队正向诺曼底开进，当他们将这一情况报告总司令时，总司令的参谋长回答说："是不是你们的技术员弄错了，也许是一群海鸥吧？"当前线将盟军进攻诺曼底的消息报告希特勒时，这位法西斯头子，气哼哼地训斥说："盟军进攻诺曼底，不过是牵制性的佯攻。"

就这样，盟军顺利地突破了希特勒大肆吹嘘的"大西洋壁垒"，并不断扩大对德军的攻势，向纵深发展，向德国的本地进军从而加速了第三帝国的灭亡。

智慧解读

"暗渡陈仓"和"声东击西"很相近，两者的共同之处是都起始于制造一个假象，用它来掩盖真实行动。两者也有不同之处："暗渡陈仓"实际上是表面上采取一个可能看起来并没有攻击性的行动以麻痹对方，再暗地施行一个打击计划；"声东击西"是由一真一伪两个打击行动组成的，两个行动都气势汹汹，只不过一个看不到，一个看得到。相比之下，暗渡陈仓从表象看来威胁性小一点，比较中性。

第九计　隔岸观火

原文

阳乖序乱[1]，阴以待逆[2]。暴戾恣睢[3]，其势自毙。顺以动豫，豫顺以动[4]。

注释

（1）阳乖序乱：阳，指公开的。乖，违背，不协调。此指敌方内部矛盾激化，以致公开地表现出多方面秩序混乱、倾轧。

（2）阴以待逆：阴，暗下的。逆，叛逆。此指暗中静观敌变，坐待敌方更进一步的局面恶化。

（3）暴戾恣睢：戾，凶暴，猛烈。睢，任意胡为。

（4）顺以动豫，豫顺以动：采取顺应的态度，不逼迫敌人，让其内部自相残杀，我方顺势取利。即阴阳相应，天地之间任你纵横，何况建诸侯国、出兵打仗呢？

译文

敌人内部矛盾趋于激化和表面化，秩序混乱。我方表面上回避敌人的暴乱，暗地里则等待其内部争斗的发生。等敌人反目成仇，势必自取灭亡，不攻自破，我方顺其自然，自然有所得。这是豫卦的原理：能够顺应时机而行动，就会有好的结果。

按语

乘气浮张，逼则受击⁽¹⁾，退则远之，则乱自起。昔袁尚、袁熙奔辽东，众尚有数千骑⁽²⁾。初，辽东太守公孙康⁽³⁾，恃远不服。及曹操破乌丸⁽⁴⁾，或说曹遂征之，尚兄弟可擒也。操曰："吾方使康斩送尚、熙首来，不烦兵矣。"九月，操引兵自柳城还⁽⁵⁾，康即斩尚、熙，传其首。诸将问其故，操曰："彼素畏尚等，吾急之，则并力；缓之，则相图⁽⁶⁾。其势然也。"或曰：此兵书火攻之道也。按兵书《火攻篇》⁽⁷⁾，前段言火攻之法，后段言慎动之理，与隔岸观火之意，亦相吻合。

注释

（1）乘气浮张，逼则受击：乘气，即敌方分崩离析的情势、氛围。全句意为：敌人内讧的情势出现时，如果去逼迫它，就会遭到它的还击。

（2）袁尚、袁熙：三国时袁绍的儿子。袁绍死后，他的一个儿子袁谭在南皮城被曹操杀害，袁尚、袁熙被魏将焦触、张南攻打，逃奔到辽西的乌丸（即乌桓）：乌丸被打败，又逃到公孙康那里，后被公孙康用计抓获，斩首。

（3）公孙康：三国时公孙度的儿子。辽东襄平（今辽宁辽阳北三十五公里）人，因斩袁氏兄弟有功，被曹操拜为左将军。

（4）乌丸：即乌桓，东胡族。居乌桓山（今辽宁省赤峰市阿鲁尔科沁镇西北）。汉末曹操灭乌丸，其遗族后迁那河（今嫩江）之北，自称"乌丸国"。

（5）柳城：在今辽宁锦县西北面。

（6）急之，则并力；缓之，则相图：并力，联合起来对外。相图，相互图谋，相互倾轧。全句意为：逼得太急，敌人就会联合起来，一致对外；慢慢耐心等待，敌人以为没有外敌，就会内部相互倾轧。

（7）《火攻篇》：《孙子兵法》篇目之一。该篇论述了火攻的种类、方法，以及将帅慎重用兵的道理。篇中说：贤明的君主和优良的将领，没有利益可图的时候不采取行动，没有收获的计谋不轻易采用，敌人没有遭遇危险，不急于用它作战……明智的君王对于用兵要十分谨慎，良将对用兵要十分警惕，这是保证国家和军队安全的策略。

按语之译文

敌人自相倾轧的势头出现时，不要急于去逼迫它，逼迫它你就会受到反击。如果退避得远远的，敌人就会自己出现内乱。古时候袁尚、袁熙两兄弟逃到辽东去时，还有几千骑兵。开始，辽东太守公孙康凭着自己离曹操很远，不肯服从曹操。后来曹操攻破乌桓，有人劝说曹操立刻乘胜去征讨公孙康，擒捉袁氏兄弟。曹操说"我会让公孙康乖乖地把袁氏两兄弟的头送来，不用劳烦我们动兵啊！"九月，曹操带兵从柳城回来，公孙康果然砍了二袁的头送来了。诸将问曹操,这是怎么回事。曹操说:"公孙康向来害怕袁氏二兄弟,我如果急于去攻打公孙康,他们就会联合起来对付我;我放松一下,他们就会自相残杀。这是必然的情势。"有人说,这是《孙子兵法·火攻篇》的原理。兵书《火攻篇》前段讲火攻的方法,后段讲用兵要十分谨慎,这和"隔岸观火"计,意思是相吻合的。

典故

东汉末年,袁绍兵败身亡,几个儿子为争夺权力互相争斗,曹操决定击败袁氏兄弟。袁尚、袁熙兄弟投奔乌桓,曹操向乌桓进兵,击破乌桓,袁氏兄弟又去投奔辽东太守公孙康。曹营诸将向曹操进言,要一鼓作气,平服辽东,捉拿二袁。曹操哈哈大笑说,你等勿动,公孙康自会将二袁的头送上门来的。于是下令班师,转回许昌,静观辽东局势。

公孙康听说二袁归降,心有疑虑。袁家父子一向都有夺取辽东的野心,现在二袁兵败,如丧家之犬,无处存身,投奔辽东实为迫不得已。公孙康如收留二袁,必有后患,再者,收容二袁,肯定得罪势力强大的曹操。但他又考虑,如果曹操进攻辽东,只得收留二袁,共同抵御曹操。当他探听到曹操已经转回许昌,并无进攻辽东之意时,认为收容二袁有害无益。于是预设伏兵,召见二袁,一举擒拿,割下首级,派人送到曹操营中。曹操笑着对众将说,公孙康向来俱怕袁氏吞并他,二袁上门,必定猜疑,如果我们急于用兵,反会促成他们合力抗拒。我们退兵,他们肯定会自相火并。看看结果,果然不出我料。

可见隔岸观火,就是"坐山观虎斗","黄鹤楼上看翻船"。敌方内部分裂，矛盾激化，相互倾轧，势不两立，这时切切不可操之过急，免得反而促成他们暂时联手对付你。正确的方法是静止不动，让他们互相残杀，力量削弱，甚至自行瓦解。

经典案例

复印机厂相机行事坐收渔利

一架豪华客机徐徐降落在东南亚某国首都机场。从机上走下的乘客中，有一位个子不高、戴着金丝眼镜、身着黑色西装的中年男子，格外引人注目，只见他表情庄重，步伐稳健，一副虚怀若谷、若有所思的样子，眉宇间透露出他的精明与干练，一看便知此人非等闲之辈，是商界的老手。不错，他确实是个商人，而且是来自经济发达国家日本国的商人，他是日本富士现代办公用品公司驻该国的业务代理藤野先生。

此次前来，他肩负着一项重大的历史使命，即与该国的泰恒公司签订一个有关进口日本某型复印机的合同。复印机在这个经济刚刚起飞的国家，还完全是个新事物，有着广阔的发展前景，占领这一市场对公司的前景无疑有着十分重要的意义，藤野先生就是带着公司"只许成功，不准失败"的指令来的。

走出机场，藤野先生却惊奇地发现，泰恒公司并没有如约派人来接他，心里不由地犯起了嘀咕：难道对方工作疏忽，记错了日子，可两公司签约这么大的事怎么能忘记呢？不可能的，那是车子在路上抛了锚？那到底是因为什么呢？一种不祥的预感油然而生。藤野先生以自己多年在商海中摸爬滚打积累起的经验，凭直觉敏锐地觉察到事情有变,他来不及细细思考下去,迅即叫了出租车赶往泰恒公司,以弄个水落石出,找到问题的答案。

果然,泰恒公司的老板见到他只是冷冰冰地抛过来一句话:"对不起,藤野先生,我公司已有新的打算,不准备签订这项合同了,很遗憾。"说完,一摊手走开了,面对这迎面而来的打击,藤野先生黯然神伤。想到临行前公司的嘱托,藤野先生果断决定,不能再沮丧、报怨下去,唯有冷静头脑,振奋精神,查清事实真相才能解决这个大问题。

在他看来,泰恒公司绝对不会轻易放弃复印机这个大生意不做,无缘无故松开牵着财神爷的手,那他们现在拒绝签合同,又该做何解释呢?难道又有了新主顾?对,很有这个可能。哪儿的呢?其他国家的?可能性不大,因为就目前国际市场上的复印机来说,只有日本产品才是一流的,泰恒公司绝对不会见利忘义,为公司的长远发展及信誉着想不会贪图便宜买进现已淘汰的产品。那么,与泰恒公司做生意的肯定也是一家日本公司。他们是以什么样的优惠条件吸引泰恒公司更张易辙,舍此适彼的呢?所有这些问题都要一一搞清楚。

藤野先生理清思路,谋划好了行动方案,他首先向国内公司汇报了有关情况,并请公司协助查清事情原委。不久,公司有了回音,证明国内确实有一家公司在从中作祟,暗中与泰恒公司取得联系,要为其提供价格更低、性能更先进的某型复印机,致使泰恒公司改变初衷并拒绝签合同。

目前,要战胜竞争对手,需立即着手解决两个问题:一是赶在对方前面尽快拿到与泰恒公司的签约;二是立刻与厂家联系,无论如何都要取得某型复印机在该国的经销权。作战计划已定,公司便兵分两路，仍由藤野先生负责与泰恒公司签订合同。公司另派人马去厂家联系进货业务。

当藤野先生第二次出现在泰恒公司老板面前时，还未等对方开口，他便开门见山地说："总裁先生，别来无恙，我未约而至，您不会介意吧？我这次来是与您专门洽谈关于某型复印机的进口问题，想您一定是感兴趣的吧？不错，此打印机确实比其他机子优越，所以，我们决定在这方面与贵公司合作，而且我还要高兴地告诉你，我们提供给贵公司的产品比贵公司前些天联系的那一家价格要低3 成。"

听罢此言，泰恒公司老板好生奇怪，"怎么只短短的 3 天，这个日本人就什么都知道了？不过，这与自己又有何关系呢？只要有利可图和谁做生意还不一样，既然富士公司价格比那家公司优惠得多，我又何乐而不为呢？"他马上笑容满面地上前与藤野先生握手成交，并随即签订了进口 1500 台此机的合同。

待合同一到手，藤野又马上飞回日本，找到复印机生产厂家。其实厂家早已从近日富士通公司不同寻常的举动中发现了问题，经过调查才知道他们是在与另一家公司争夺复印机客户及东南亚的独营权。厂家暗自高兴，看来自己发大财的机会来了，他们明明知道富士公司急于促成此项生意，为从中渔利，便对来者不慌不忙地解释：因与其他公司达成协议，授予其在该国的经销权，为了自己的信誉，表示不能再与富士公司签约或干脆枉顾左右而他。藤野先生当然知道其用意，便告知对方：富士公司已拿到合同，抢先占领了该国市场，请厂家把复印机及辅助材料与设备的经销权授给富士，富士愿意把其进价全部再加一成。

又经过一番讨价还价，复印机生产厂家认为近来一段时间的

"坐山观虎斗"这场好戏该收场了，现在对方出价已足够高了，超过了自己的预期目标，若不趁势取利，"时不再来"。于是，便爽快地答应与富士公司签了约。

当然，精明的富士商人也不会吃亏，他高买低卖复印机倒赔的几百美元也最终从随后的高价卖出的辅助材料与设备中得到了补偿。

回顾整个过程，复印机厂家之所以能以较高的价格与富士公司成交，就在于他巧妙地运用了"隔岸观火"的谈判技巧。先是坐山观虎斗，富士公司与另一家公司竞相抬高价格；既而又煽风点火，以种种借口迫使买方提价，最后看准时机已到，趁势坐取渔人之利。

美国的崛起

1914 年，第一次世界大战爆发，以英国、法国为首的协约国与以德国和奥匈帝国为首的同盟国，在欧洲大陆展开了旷古未有的大厮杀，很长时间，胜负未分。

在这很长时间里，美国隔着大西洋"观火"，按兵不动，为什么？因为它采取了这样一种策略，它一直宣称保持中立政策，既不偏向协约国，也不偏向同盟国，而是抓紧时间和这两大集团做生意，大发战争横财，按照当时的美国总统说：和平而体面的征服外国市场，是美国合理的壮志雄心，他认为这是美国占领欧洲市场的绝佳机会。因为两大集团忙于厮杀，完全地投入了战争，他的整个国家机器，全部是为了战争而运转，这个时候谁都需要美国的钢铁，需要美国的化工原料，需要美国的一切战争物资，美国就借这个机会趁机占领了整个欧洲市场，在战争开始之前，美国还是一个负债的国家，而战争之后，美国已经成为了世界上最大的债权国，从自己战前的外债 60 亿美元，到了战争结果的时候他自己发放外债 103 亿美元，当时整个协约国，同盟国都需要从美国买东西，买战略物资，美国当时国内只有 19 亿美元的黄金储备，而一战之后美国拥有了 45 亿美元的黄金储备，这个数字是多少呢？是当时世界黄金储备总量的二分之一，美国可以说是一战爆富，但是这还不够，战争还在继续下去，欧洲还在流血，流到最后。到了 1917 年，美国看看形势差不多了，整个同盟国的首脑国家德国，已经再没有力量打下去了，美国觉得时机成熟了，隔岸观火也看够了，美国决定参加一次大战，这已经是一次大战的尾声，所以说美国向德国同盟国宣战，其实这个时候它是在打一只死老虎，随着美国的宣战，以德国为首的同盟国迅速垮台，一次大战结束。

这次大战结束后，美国一跃成为世界上最强大的国家，而在战前，原来显得比他更强的国家，比如英国，法国，德国，俄罗斯，不管是胜利的一方，还是失败的一方，全都变成了世界上的二流强国，只有美国这一个国家成为了一流强国。

这个事情过了大约 20 年的时间，二次大战爆发。二次大战爆发之后，美国人采用的还是这个办法，什么办法呢？继续隔岸观火，而这次他是隔着两个大洋的岸来观火，西边隔着太平洋，东边隔着大西洋，他隔着这两岸，看着两岸的战火，欧洲的战火和亚洲的战火，美国人看够了，于是等待时机，什么时机呢？日本人偷袭了珍珠港，给了美国参战的借口，美国正式参战，然后在这场战争后，美国彻底的成为了世界上第一强国，所以美国的整个崛起过程就是一个隔岸观火的过程。

美国利用自身的地理优势与两次大战远隔重洋，避免了战争带来的最大损失，这就是"隔岸"。而在一旁，静静的观看战争的变化，寻找最恰当的出手时机，这就是观火，美国运用了隔岸观火一计,一步步成为世界头号强国。

智慧解读

隔岸观火,意同"坐山观虎斗",使用的正确方法是静止不动,让别人互相残杀,力量削弱,甚至自行瓦解。但隔岸观火要根据具体情况运用,观并不等于消极的观,除了观之外,还要想办法让火烧得更大,甚至还要趁火打劫,从中渔利。当然,当火未烧起时,敌人内部矛盾尚未激化时,不是隔岸观火,而是趁火打劫,那就错了,因为火候不到,一施加压力,敌人就会消除矛盾,团结起来,一致对外。

第十计 笑里藏刀

原文

信而安之[1],阴以图之[2],备而后动,勿使有变。刚中柔外也[3]。

注释

(1)信而安之:信,使信。安,使安,安然,此指不生疑心。
(2)阴以图之:阴,暗地里。

（3）刚中柔外：表面柔顺，实质强硬尖利。

译文

表面上示敌以诚信以稳住敌人，暗地里则谋划如何吃掉敌人；做好充分准备而后付诸行动，不让敌人有应变的机会；内中刚强而外表柔顺，这是坎卦的原理。

按语

兵书云："辞卑而益备者，进也；……无约而请和者，谋也。"故凡敌人之巧言令色，皆杀机之外露也。宋曹玮[1]知渭州，号令明肃，西夏人惮之[2]。一日玮方对客弈棋，会有叛夸数千，亡奔夏境。堠骑报至[3]，诸将相顾失色，公言笑如平时，徐谓骑曰："吾命也，汝勿显言。"西夏人闻之，以为袭己，尽杀之。此临机应变之用也。若勾践之事夫差，则竟使其久而安之矣。

注释

（1）曹玮：北宋大将曹彬的第三子；年十九，即出任渭川同知，喜读《春秋》三传，尤精千兵法。带兵四十多年不曾失误，威震四方。

（2）西夏：古国名，即党项族所建立的大夏政权，宋人称之为西夏。都兴庆府（今宁夏银川）。与宋、辽、金多次发生战争。西夏从1038年建立到1227年为蒙古所灭，传十主共一百九十年。

（3）堠骑：堠，古代探望敌情的土堡。堠骑，即侦察骑兵。

按语之译文

兵书上说："敌人派来的使者言辞谦逊，而军队却在加紧备战，这是欲图进攻的表现；……敌人无故前来求和，是另有图谋的表现。"所以，凡是敌人笑脸奉迎、辞令动听，就是内藏杀机的表现。宋朝，曹玮做渭州的知州时，号令严明整肃，西夏人很畏惧他。

有一天，曹玮正同客人下棋，正好有数千名士卒叛变，逃往西夏。当侦察骑兵将这一消息报告曹玮时，诸将大惊，相顾失色，而曹玮却谈笑风生，一如往日，然后徐徐告诉骑兵说："这是奉我的命令行事，你们别声张出去。"西夏人听说这个消息后，果真认为叛卒要偷袭自己，于是就把叛卒全部杀掉了。这是临机应变谋略的运用。再如春秋时，越王勾践忍辱事吴王夫差，消除了夫差对自己的怀疑，耽于安乐，最终被越王勾践所灭。

典故

战国时期，秦国为了对外扩张，必须夺取地势险要的黄河崤山一带，派公孙鞅为大将，率兵攻打魏国。公孙鞅大军直抵魏国吴城城下。这吴城原是魏国名将吴起苦心经营之地，地势险要，工事坚固，正面进攻恐难奏效。

公孙鞅苦苦思索攻城之计。他探到魏国守将是与自己曾经有过交往的公子行，心中大喜。他马上修书一封，主动与公子行套近乎，说道，虽然我们俩现在各为其主，但考虑到我们过去的交情，还是两国罢兵，订立和约为好。念旧之情，溢于言表。他还建议约定时间会谈议和大事。信送出后，公孙鞅还摆出主动撤兵的姿态，命令秦军前锋立即撤回。公子行看罢来信，又见秦军退兵，非常高兴，马上回信约定会谈日期。公孙鞅见公子行已钻入了圈套，暗地在会谈之地设下埋伏。

会谈那天，公子行带了300名随从到达约定地点，见公孙鞅带的随从更少，而且全部没带兵器，更加相信对方的诚意。会谈气氛十分融洽，两人重叙昔日友情，表达双方交好的诚意。公孙鞅还摆宴款待公子行。公子行兴冲冲入席，还未坐定，忽听一声号令，伏兵从四面包围过来，公子行和300随从反应不及，全部被擒。

公孙鞅利用被俘的随从，骗开吴城城门，占领吴城。魏国只得割让西河一带，向秦求和。秦国用公孙鞅笑里藏刀计轻取崤山一带。

经典案例

陆逊笑里藏刀，关羽败走麦城

三国时期，荆州由于地理位置十分重要，成为兵家必争之地。公元217年，鲁肃病死。孙、刘联合抗曹已经结束。

当时关羽镇守荆州，孙权久存夺取荆州之心，只是时机尚未成熟。不久以后，关羽发兵进攻曹操控制的樊城，怕有后患，留下重兵驻守公安、南郡，保卫荆州。孙权手下大将吕蒙认为夺取荆州的时机已到，但因有病在身，就建议孙权派当时毫无名气青年将领陆逊接替他的位置，驻守陆口。

陆逊上任，并不显山露水，定下了与关羽假和好、真备战的策略。他给关羽写去一信，信中极力夸耀关羽，称关羽功高威重，可与晋文公、韩信齐名。自称一介书生，年纪太轻，难担大任，要关羽多加指教。关羽为人，骄傲自负，目中无人，读罢陆逊的信，仰天大笑，说道："无虑江东矣。"马上从防守荆州的守军中调出大部人马，一心一意攻打樊城。陆逊又暗地派人向曹操通风报信，约定双方一起行动，夹击关羽。

孙权认定夺取荆州的时机已经成熟，派吕蒙为先锋，向荆州进发。吕蒙将精锐部队埋伏在改装成商船的战舰内，日夜兼程，突然袭击，攻下南郡。关羽得讯，急忙回师，但为时已晚，孙权大军已占领荆州。关羽只得败走麦城。

蒋介石"笑里藏刀"

1945 年 8 月，抗日战争胜利，国内外形势发生急剧变化，中国人民同国民党反动派的矛盾上升为主要矛盾，其突出的表现是，国民党蒋介石在美帝国主义的支持下，要抢夺抗日战争的胜利果实，并且要发动内战，消灭共产党员和八路军。

然而，由于解放区人民武装力量的强大，也由于在抗战胜利后全国人民迫切要求和平、民主，反对内战的呼声形成很大的舆论压力，以及当时的国际条件，对蒋介石的行动多有掣肘。特别是，蒋介石要完成进攻解放区的军事部署，还需要时间。所以，蒋介石经过密谋策划，决定在积极准备发动内战的同时，还玩弄"和平谈判"的手法，于 1945 年 8 月 14 日到 23 日，一连三次电邀毛泽东到重庆"共同商讨国家大计"，这就是有名的重庆谈判。

中共中央和毛泽东主席对国民党反动派玩弄的这套"假和平，真内战"的阴谋是洞若观火的。毛泽东当时就以十分明确的语言提醒全党同志："必须清醒地看到，内战危险是十分严重的，因为蒋介石的方针早已定了"，"蒋介石对人民是寸权必夺，寸利必得。我们呢？我们的方针是针锋相对，寸土必争!"但是，为了向全国、全世界人民表明中国共产党争取和平的决心和诚意，特别是为了揭露蒋介石假和平、真内战"的阴谋，毛泽东主席决定冒着极大风险应邀前往重庆与国民党蒋介石进行和平谈判。

毛泽东亲赴重庆这一招，是出乎蒋介石意料之外的，蒋介石原来以为，自己向毛泽东发出邀请，毛泽东不敢来。那样，就可以把发动内战的责任推到共产党头上了。却不料毛泽东竟然来了，确实使他感到有些被动。

毛泽东是8月28日由延安飞抵重庆的，第二天就要求与国民党的代表开始谈判，在会谈中，国民党代表一方面假惺惺地表示对毛泽东的"欢迎"和对和谈的"诚意"，另一方面又提出中国从来没有发生过内战的论调，妄图把过去的十年内战以及抗日战争时期对共产党八路军、新四军所搞的一系列军事摩擦和突然袭击，都看成是"剿匪"，而不是中国人民与反动派之间的压迫与反压迫的战争，以为其以后发动大规模的内战作舆论准备。我党代表当即揭露了他们这种'笑里藏刀"的欺骗伎俩，戳穿了他们企图在"没有内战"的烟幕下，积极准备打内战的阴谋。

接着，毛泽东又于9月2日、4日两度与蒋介石进行面对面的会谈。在会谈中，蒋介石满面堆笑，东拉西扯，言不及义，毛泽东则反复阐明中共关于解决国内问题的一贯主张。与此同时，周恩来也同国民党的代表王世杰、张群、张治中、邵力子等，就和谈的具体问题和程序进行磋商。由于国民党蒋介石方面只是拿和谈作幌子，事前对谈判无准备，连一个方案也拿不出来，只是派了几个代表来敷衍应付，今日宴会，明日请客，妄图使谈判得不出结果，把毛泽东拖在重庆……

说蒋介石在谈判期间没有任何动作，那也是不对的。实际上，就在蒋介石和国民党代表唱着和平高调，与毛泽东和中共代表握手言欢的同时，背地里他们采取了一系列措施，积极策划使内战升级，始而密令重新印发所谓《剿匪手本》，用法西斯信条在其军队内部实施反共的内战动员；继而又密令国民党反动军队先后在张家口、上党、邯郸等地区向我解放区大举进攻，妄图以此向我施加压力，逼我在谈判桌上就范，由于我军坚决执行毛泽东提出的"针锋相对，寸土必争"的方针，早有准备，坚决击退了蒋介石反动派的军事进攻。9 月中旬，我军击退了逼近张家口的蒋匪军，10 月间，我军又歼灭了进犯上党地区的阎锡山部 3500 余人，并俘获敌军长、师长多人，接着，又在邯郸地区消灭了沿平汉路进犯我晋冀鲁豫解放区的蒋匪军 7000 余人。三次战役的重大胜利，有力地支持了我方在重庆谈判中的斗争，蒋介石妄图以军事冒险来扭转政治局势的阴谋遭到沉重打击，他们的"假和平，真内战"、"笑里藏刀"的丑恶嘴脸进一步暴露了。

蒋介石军事冒险失败了，于是，在谈判桌上又表现出"诚意"，表示愿意承认和平团结的方针，继续进行和谈。在我方代表的努力下，经过 43 天的谈判，终于签订了一个《国共双方代表会谈纪要》，即《双十协定》，毛泽东胜利地回到延安，以后便由周恩来代表我方与国民党继续进行谈判，又于 1946 年 1 月签订了《停战协定》。然而，事实证明，无论是《双十协定》，还是《停战协定》，对于蒋介石来说，却是不得已的缓兵之计。

就在这段时间里，蒋介石把大批军队分别从空中、海上和陆地运抵东北、华北。因此，尽管这时两个《协定》的墨汁未干，蒋介石认为其军事部署已经就绪，便于 1946 年 6 月，在美帝国主义的支援下，发动了全国规模的反革命内战，从而也就彻底地暴露了他高唱和平确实是"笑里藏刀"的真面目。

智慧解读

"笑里藏刀"是一种表面友善而暗藏杀机的计谋。"笑里藏刀"是形容对人外表和气，内心却阴险毒辣，用伪善骗取对方的依赖和好感，趁对方不防备之时下手。"笑里藏刀"的特点是以表面上的友好、善良和美丽的言词、举止作为假象，掩盖其阴险毒辣的用心和企图。

第十一计 李代桃僵

原文

势必有损[1]，损阴以益阳[2]。

注释

（1）势必有损：势，局势。损，损失。

（2）损阴以益阳：阴，这里是指局部利益。阳，这里是指全局利益。全句意为：舍弃某一部分利益，使全局得到增益。

译文

当局势发展到损失已不可避免的时候，要舍弃局部的利益，以求得全局更大的增益。

按语

我敌之情，各有长短[1]。战争之事，难得全胜，而胜负之诀，即在长短之相较。而长短之相较，乃有以短胜长之秘诀[2]。如以下驷敌上驷，以上驷敌中驷，以中驷敌下驷之类，则诚兵家独具之诡谋，非常理之可推测者也。

注释

（1）我敌之情，各有短长：短长，即短处、长处，缺点、优点，劣势、优势。全句意为：敌我双方各有其长处和短处、优势和劣势。

（2）以短胜长之秘诀：这里是指发挥自己的长处以弥补自己的短处：限制敌人的长处，专门攻击敌人的短处的秘诀。

按语之译文

我方与敌方的情况，各有长处与短处。在战争中，各方面都超过敌人是难得做到的。决定战争胜负，即在于双方力量，长处与短处，优势与劣势的较量。而在优势与劣势的较量中，也有劣势战胜优势的诀窍。比如赛马，用下等马对上等马，用上等马对中等马，用中等马对下等马这一类事例，就是军事谋略家只有的独特的谋略，这可不是用一般道理可以推测出来的啊！

典故

战国后期，赵国北部经常受到匈奴蟾襜国及东胡、林胡等部骚扰，边境不宁。赵王派大将李牧镇守北部门户雁门。

李牧上任后，日日杀牛宰羊，犒赏将士，只许坚壁自守，不许与敌交锋。匈奴摸不清底细，也不敢贸然进犯。李牧加紧训练部队，养精蓄锐，几年后，兵强马壮，士气高昂。

公元前250年，李牧准备出击匈奴。他派少数士兵保护边寨百姓出去放牧。匈奴人见状，派出小股骑兵前去劫掠，李牧的士兵与敌骑交手，假装败退，丢下一些人和牲畜。匈奴人占得便宜，得胜而归。

匈奴单于心想，李牧从来不敢出城征战，果然是一个不堪一击的胆小之徒。于是亲率大军直逼雁门。

李牧已料到骄兵之计已经奏效，于是严阵以待，兵分三路，给匈奴单于准备了一个大口袋。匈奴军轻敌冒进，被李牧分割几处，逐个围歼。单于兵败，落荒而逃，蟾襜国灭亡。李牧用小小的损失，换得了全局的胜利。

经典案例

曹洪舍身救曹操

《三国演义》第六回说，追赶董卓的曹操中了徐荣的埋伏，大败而逃。曹操被徐荣射了一箭，又被两个小兵刺下马来。正好曹洪赶到，杀了两个小兵，操视之，乃曹洪也。操曰："吾死于此矣，贤弟可速去！"洪曰："公急上马！洪愿步行。"操曰："贼兵赶上，汝将奈何？"洪曰："天下可无洪，不可无公。"操曰："吾若再生，汝之力也。"操上马，洪脱去衣甲，拖刀跟马而走。

这是曹洪的李代桃僵之计，值此大败逃命的当口，两个人一匹马，必须牺牲一个人才能保住另一个人的命。曹洪非常清楚，与曹操相比，自己的分量要小得多，如果一定只能一个人活下来，曹操活着的价值显然要比自己高得多。因此，曹洪说出了："天下可无洪，不可无公"这样的名言，并毫不犹豫地让出了自己的战马，自己冒死保为曹操逃命。

这样的舍身救主的故事还有很多，比如祖茂救孙坚故事。祖茂曰："主公头上赤帻射目，为贼所识认。可脱帻与某戴之。"坚就脱帻换茂盔，分两路而走。雄军只望赤帻者追赶，坚乃从小路得脱。祖茂没有曹洪的运气，一战而死。假使没有祖茂李代桃僵、舍命救主，孙坚一命呜呼，整个三国故事恐怕就要重写了。

钟琪平叛乱

岳钟琪是将门之子。他父亲岳升龙曾任四川提督。他自幼习读兵书，武艺过人。

岳钟琪随康熙皇帝 14 子允绪征讨西藏叛乱。岳钟琪率领四千人马先到察木多。岳钟琪通过密探得知，此地各部落都已经叛乱，准噶尔叛军已派重兵驻扎三巴桥。

三巴桥是进藏的第一个要隘。叛军一旦毁了桥，清军入关就比登天还难。

在大将军允绪所率领的清军大队人马，尚在千里之外时，岳钟琪只有几千人马在此。死拼硬打是不行的。于是他提出了"李代桃僵"的装敌计。

岳钟琪亲自在军营中挑选了 30 名精兵，练习藏语，身穿藏服，扮成藏兵。一切准备停当，他亲自率兵，快马加鞭地向准噶尔使者的驻地治隆疾驰而去。由于装扮得逼真，这支奇兵顺利通过了叛军的哨卡，潜入了使者的住处，一举将准噶尔叛军使者擒获。

岳钟琪历数准噶尔首领的叛国罪行，下令将使者斩首，并派人把叛将使者的人头送到叛将那里。警告他们，如果投降，既往不咎；如果顽抗，也是同等下场。那叛将头目，一个个吓得目瞪口呆，以为神兵自天而降，纷纷表示愿意归顺。

岳钟琪成功地运用了"李代桃僵"的奇谋，不仅保住了进军西藏的咽喉要道三巴桥，而且兵不血刃地使叛军降伏了，可谓出奇制胜。

张学良救国遭监禁

在抗日战争后期，蒋介石把反共看得比抗日还要重要。在中国工农红军经过长征到达陕北后，为攻打陕北根据地，蒋介石在西安成立了剿共司令部，其中最具权威人士就是张学良。此时国内爱国主义浪潮步步高涨，"打倒日本侵略者，停止内战"的呼声响遍全国，苏联也希望共产党和其他党派组成抗日民族统一战线。西安的国民党军队也受到共产党提出的"停止内战，一致抗日"口号的影响，张学良也愿意建立抗日民族统一战线。

早在 1936 年 6 月，张学良就与周恩来秘密会面，共同商定了一项停止双方军事敌对行动的秘密协定。1936 年 8 月，共产党派出一名非公开的代表，来到张学良的司令部，蒋介石闻讯，10 月底也飞往西安。这时，日本侵略者开始进攻绥远，其侵略行径激起全国各地的抗日大游行。上海和北京更是走在前头，其影响颇大，甚至连国民党广西、广东的军阀也敦促蒋介石停止内战，一致抗日，但都遭到蒋介石的拒绝。同时，蒋介石也不同意调出部分西安守军去绥远抗战的请求。12 月 4 日，蒋介石在西安下令，于 12 月 12 日对共产党军队发起全面围剿。张学良、杨虎城没有听从这一命令。12 月 10 日，蒋介石决定解除张学良的职务。以张、杨为首的反对派决定进行兵谏，于 12 月 12 日，精心挑选一支警卫部队擒获了蒋介石。接着，他们向蒋介石提出八点要求，指出当务之急是建立抗日救国的爱国统一战线。

蒋介石被擒，在国内和国外都引起了巨大的反响。中共中央马上派出以周恩来为首的代表团来到西安。经过长时间复杂的谈判，蒋介石终于被迫答应了停止内战、共同抗日的要求，并于 12 月 25 日由张学良亲自陪同飞回南京。

一到南京，蒋介石就以"首谋伙党，胁迫上官"的罪名，将张学良送交国民政府军事委员会组成的高级军事法庭。张被判处"有期徒刑十年，剥夺公民权五年"。转而又假由蒋介石要求"特赦"，再改为"所处十年有期徒刑，本刑特予赦免，仍交军事委员会严加管束"。蒋介石亲自安排的一张"特赦令"，从此决定了张学良后半生受监禁的命运。解放战争期间，他被押往台湾，大半生未获自由。张学良在军事法庭上把逮捕蒋介石的全部责任都揽在自己身上，以保护与自己共同策划"兵谏"的杨虎城，显示了军人的高尚精神。

智慧解读

桃树要受罪遭难了，由李树来代替，桃活李死，谓之"李代桃僵"，这是一个比喻，用来概括各种替代受过、受难的现象或做法。

在战场上较量时，兵家们往往牺牲局部保全整体，或牺牲小股兵力，保存实力，以获得最后的胜利，这是一种"李代桃僵"法。大难当前，主动站出来代人受苦受难也是一种代僵法。

在历史上，这类事迹很多，当然，与高风亮节并存的，还有统治者割发代首的荒诞权术，更有作奸犯科的恶棍抓替罪羊的卑劣行径。在历史上，文学中，以及现实里随处可见。

在现代经商赚钱的经营活动中，经营者不要为小利所诱惑，也不要为小害所影响，而要从全局的优劣形势中分析对比，争取主要优势且不必要寸步不让，高明的经营者都会"以退为进"以达到自己赚钱的目的。

第十二计　顺手牵羊

原文

微隙在所必乘；微利在所必得[1]。少阴，少阳[2]。

注释

（1）微隙、微利：指微不足道的间隙，微小的利益。

（2）少阴，少阳：阴，这里指疏忽、过失；阳，指胜利、成就。

译文

敌人出现微小的漏洞，必须及时利用；发现微小的利益，也一定要争取到。即使是敌人的微小疏忽、过失，也要利用来为我方的微小胜利服务。

按语

大军动处[1]，其隙甚多，乘间取利[2]，不必以战。胜固可用，败亦可用。

注释

（1）大军动处：动，指兵力调遣，运动、展开。全句意为：在大部队调遣的过程中。

（2）乘间取利：间，间隙，机会。全句意为：利用敌人的空隙和过失，乘机取得有利的成果。

按语之译文

在大部队调遣、调动的过程中，可以利用的间隙很多，利用敌人的空隙和过失便可获得利益，就不必定要通过战争的途径。打胜仗时可以用此计，打败仗时也可以用此计。

典故

公元 383 年，前秦统一了黄河流域地区，势力强大。前秦王苻坚坐镇项城，调集 90 万大军，打算一举歼灭东晋。他派其弟苻融为先锋攻下寿阳，初战告捷，苻融判断东晋兵力不多并且严重缺粮，建议苻坚迅速进攻东晋。苻坚闻讯，不等大军齐集，立即率几千骑兵赶到寿阳。东晋将领谢石得知前秦百万大军尚未齐集，抓住时机，击败敌方前锋，挫敌锐气。谢石先派勇将刘牢之率精兵 5 万，强渡洛涧，杀了前秦守将梁成。刘牢之乘胜追击，重创前秦军。谢石率师渡过洛涧，顺淮河而上，抵达淝水一线，驻扎在八公山边，与驻扎在寿阳的前秦军隔岸对峙。苻坚见东晋阵势严整，立即命令坚守河岸，等待后续部队。

谢石看到敌众我寡，只能速战速决。于是，他决定用激将法激怒骄狂的苻坚。他派人送去一封信，说道，我要与你决一雌雄，如果你不敢决战，还是趁早投降为好。如果你有胆量与我决战，你就暂退一箭之地，放我渡河与你比个输赢。苻坚大怒，决定暂退一箭之地，等东晋部队渡到河中间，再回兵出击，将晋兵全歼水中。他哪里料到此时秦军士气低落，撤军令下，顿时大乱。秦兵争先恐后，人马冲撞，乱成一团，怨声四起。这时指挥已经失灵，几次下令停止退却，但如潮水般撤退的人马已成溃败之势。这时谢石指挥东晋兵马，迅速渡河，乘敌人大乱，奋力追杀。

前秦先锋苻融被东晋军在乱军中杀死，苻坚也中箭受伤，慌忙逃回洛阳。前秦大败。淝水之战，东晋军抓住战机，乘虚而入，是古代战争史上以弱胜强的著名战例。

经典案例

楚国救赵，顺手牵羊

公元前354年，魏惠王打算进攻北面的赵国。他派遣庞涓率领一支精锐部队向赵国杀去。庞涓没费多大力气就杀到了赵国都城邯郸城下，并包围了邯郸。此时，赵国无力应战，只好派使者向实力雄厚的楚国求救。楚王对于要不要救赵还犹豫不决。于是，他召集谋士们商议。楚相昭奚反对出兵，认为应当任凭魏国攻打赵国，楚国可以等他们两败俱伤后，坐收渔人之利。

景舍反对昭奚的主张，提出以救赵为名来削弱赵魏的实力，并顺手牵羊，为楚国谋利的计划，受到楚王的赞赏。楚王任景舍为帅，带领一支人数不多的军队，打着救赵的旗号，跨越赵、楚之间的国界，进入赵国。赵国大将马上将楚国派救兵的消息通告了守城官兵，但这一切都没能阻止庞涓的进攻。围城7个月后，庞涓终于攻克了邯郸。这时，传来齐国派一支军队直趋魏国都城大梁的消息。庞涓得知这一情报后，马上从赵国撤兵回国。半路上，齐军"以逸待劳"，把庞涓率领的魏军打得大败。

魏国和赵国都在战争中受到重创。这对楚国是个最好的机会。景舍正是抓住了赵国向楚国求救的机会，派兵进入赵国，而且在魏军撤退之后，不费吹灰之力便"顺手牵羊"，占领了部分赵国领土，胜利实现了昭奚的计谋。

李自成趁机取洛阳

明朝末年，老百姓生活在水深火热之中，纷纷揭竿而起。公元1640年七月，张献忠率领农民起义军攻入四川，明朝主力大军全部入四川围剿，河南一带的防务变得十分脆弱。农民起义军领袖李自成趁此机会迅速壮大了自己的力量，并且连续取得攻克宜阳、偃师、新安等城池的胜利。

宜阳、偃师和新安属豫西重镇洛阳的外围。明朝福王朱常洵就住在洛阳。朱常洵的母亲是神宗朱翊钧的爱姬，朱翊钧爱屋及乌，对朱常洵也格外宠爱，把大量金银财物赏赐给朱常洵。朱常洵金银无数，却异常吝啬，不但洛阳城的百姓怨恨他，就是他府中的兵丁也时有不满。官府的军队大多抽调入四川去平定张献忠，洛阳城中已无多少将士，因此，洛阳城在这个特殊的时刻，变成了一座"兵弱而城富"的重镇。

李自成当然不会轻易放过攻取洛阳城的大好机会。公元1641年正月，李自成率起义军兵临洛阳城下，拉开了攻城的序幕。

生死关头，福王朱常洵竟只顾自己，调集亲兵保护府库，对于城头上的战事不闻不问。守城将领一再要求朱常洵发放银两，犒赏守城士卒，朱常洵狠狠心才拨出了3000两白银，可是，区区三千两白银还被总兵王绍禹等人吞没了。朱常洵忍痛又拨出一千两，士兵们因分配不均而争斗不止，最后竟发展成兵变。士兵们将兵备道王允昌捆绑起来，将城楼烧毁，又大开北门，迎接起义军入城。总兵王绍禹见大势已去，仓皇跳城逃命，福王也企图缒城逃跑，但没跑多远，就被起义军抓获。起义军打开福王粮仓赈济城内老百姓，举城一片欢腾。

李自成只用极小的代价就轻易地夺取了洛阳城。李自成抓住机会，积极行动，轻而易举地拿下了洛阳，为推翻明朝做了很好的准备。

公爵的意外收获

1702 年的一个晴朗的夏日，一支英国舰队突然出现在西班牙的加的斯港。这支英国舰队的作战意图是为了夺取加的斯港，控制地中海的入海口。

指挥这支英国舰队的是奥蒙德公爵。当他的舰队临近港口时，由于敌情不明，没有下达进攻的命令。事实上，港口的西班牙守军没有坚固的防御，如果英国舰队发动突然进攻，就会很顺利地占据港口。当奥蒙德公爵下令登陆时，港口的西班牙守军已经做好战斗的准备，结果攻打了一个月之久，港口仍牢牢地掌握在西班牙人的手里。

乔治爵士向奥蒙德公爵建议说："再打下去我们可支撑不住了，不如收兵回国吧！保存一些兵力也好向国王交代。"奥蒙德公爵此时的情绪很低落，喃喃地说："事到如今，只有这样了。让各舰清点人数和食品、淡水储备量，计算好每天的消耗，马上起程回国。"

英国舰队正准备返航，有人向奥蒙德公爵报告：一批西班牙的运宝船，刚刚停靠在离加的斯港不远的比戈湾。奥蒙德公爵一听顿时来了精神，心想：这次远征一无所获，如果抢了这批宝物，大家发财不说，回去在国王面前也好交代。于是，他命令舰队向比戈湾全速前进。英国水兵在发财欲望的刺激下，对西班牙运宝船进行了疯狂的洗劫。

奥蒙德公爵将劫得的 100 万英镑的宝物献给英国国王威廉三世，并添油加醋地描绘一番。由于奥蒙德公爵顺手牵了一头"大羊"，国王不仅没有责怪他督战不利，反而大大表扬他一番。

智慧解读

顺手牵羊与趁火打劫之计，有相同的地方，但是，趁火打劫是趁敌方处于十分困难、消极、混乱等情况下，加以攻击取胜；而顺手牵羊，是指抓住敌方所暴露出来的微小的战机，将其歼灭之。在军事上，不要小看了那些微妙的战机，敌我双方军事力量的对比与涨落，是一个由量变到质变的发展过程，逐渐地削弱、打击敌人的有生力量，不断壮大和扩充自己的实力，善于捕捉战机、乘虚而入。当然，在寻找和利用敌人的薄弱环节与微小漏洞时，切不可因"小"失大，必须顾全大局，以免落入对方精心设计的圈套里。

第三套　攻战计

攻战计，是三十六计中的第三套计，共有六计：打草惊蛇、借尸还魂、调虎离山、欲擒故纵、抛砖引玉、擒贼擒王。

攻战计，是专门用于筹划谋攻的，即攻心为上，攻城为下；心战为上，兵战为下，以求得战而胜之。进攻与防御是一对矛盾，相反相成。只有知己知彼，才能百战百胜。

第十三计　打草惊蛇

原文

疑以叩实[1]，察而后动；复者，阴之媒也[2]。

注释

（1）疑以叩实：叩，问，查究。意为发现了疑点就应当考实查究清楚。

（2）复者，阴之媒也：复者，反复去做，即反复去叩实而后动。

阴，此指某些隐藏着的、暂时尚不明显或未暴露的事物、情况。媒，媒介。句意为反复叩实查究，而后采取相应的行动，实际是发现隐藏之敌的重要手段。

译文

真相不明就应查实，洞察了实情之后再采取行动。反复侦察，是实施隐秘计谋所必需的手段。

按语

敌力不露，阴谋深沉，未可轻进，应遍探其锋。兵书云[1]："军旁有险阻、潢井[2]、葭苇[3]、山林、翳荟[4]者，必谨复索之，此伏奸之所处也。"

注释

（1）兵书：这里是指《孙子兵法·行军篇》。

（2）潢井：低洼沼泽地带。

（3）葭苇：芦苇丛生之地。

（4）翳荟：翳，荫蔽。荟，草茅繁衍。翳荟：指被繁茂草茅遮蔽的地方。

按语之译文

当敌方的实力还没有显露，而将其阴谋深藏着的时候，切不可轻敌冒进，此时，应先采用多种方式从各个不同方面去探明其锋芒所在。《孙子兵法》上说："军队近旁如有险地阻隘、低洼沼泽、丛生芦苇、山林和繁草荫蔽的地方，必须仔细地反复搜索，因为这些都是可能隐匿伏兵和奸细的地方。"

典故

公元前 627 年，秦穆公发兵攻打郑国，他打算和安插在郑国的奸细里应外合，夺取郑国都城。大夫蹇叔以为秦国离郑国路途遥远，兴师动众长途跋涉，郑国肯定会作好迎战准备。秦穆公不听，派孟明视等三帅率部出征。蹇叔在部队出发时，痛哭流涕地警告说，恐怕你们这次袭郑不成，反会遭到晋国的埋伏，只有到崤山去给士兵收尸了。果然不出蹇叔所料，郑国得到了秦国袭郑的情报，逼走了秦国安插的奸细，作好了迎敌准备。秦军见袭郑不成，只得回师，但部队长途跋涉，十分疲惫。部队经过崤山时，仍然不作防备。他们以为秦国曾对晋国刚死不久的晋文公有恩，晋国不会攻打秦军。哪里知道，晋国早在崤山险峰峡谷中埋伏了重兵。一个炎热的中午，秦军发现晋军小股部队，孟明十分恼怒，下令追击。追到山隘险要处，晋军突然不见踪影。孟明视一见此地山高路窄，草深林密，情知不妙。这时鼓声震天，杀声四起，晋军伏兵蜂拥而上，大败秦军，生擒孟明视等三帅。秦军不察敌情，轻举妄动，"打草惊蛇"终于遭到惨败。当然，军事上有时也可故意"打草惊蛇"而诱敌暴露，从而取得战斗的胜利。

经典案例

张伯行深揭腐败考官

清朝康熙五十年（公元 1711 年）六月，会试、乡试发榜。江南乡试榜名公布，一些不学无术的富户子弟金榜题名，不少真才实学的考生却名落孙山，引起当时一片民愤，把考场的匾额"贡院"二字也改为"卖官"，联书告状要求查办。江南巡抚张伯行是个正直的官员，他接到状子后，立刻查办。原来副考官赵晋受贿。正考官畏于权势，不敢过问。张伯行立刻上疏皇帝康熙。

康熙帝看了奏本，很是生气，派尚书张鹏翮、侍郎赫寿，到江南会同江南总督噶礼和张伯行一起追查。

噶礼盛情款待皇帝钦派的官员，终日饮酒乐甚，当问及此案时，噶礼说："已查明副考官赵晋私漏考题，依法逮捕了。"然后当堂会审。

赵晋当堂跪在众官面前，只承认全是他自己的过错，与他人无干，回答吞吞吐吐，不时偷看噶礼的脸色。这引起了张伯行的怀疑。退堂后，张伯行秘密提审了赵晋，查出行贿的考生有吴泌、程光奎。张伯行严厉追查，吴、程二人虽承认贿赂了考官，却誓死不再提供任何其他线索。再审问赵晋，他吓得痛哭流涕地说："大人，奴才不敢再说了，否则一家人的性命难保哇！"

张伯行觉得这绝非一般的案子，犯人如此惧怕，定有原因，他的背后，有一股无形的压力。张伯行派人连夜追查，从赵晋的家眷中，得知江南总督噶礼曾派人关照警告过。于是继续秘密提审一行人犯，终于查出噶礼受贿最多，一手策划了这次舞弊案。

张伯行立刻通报给尚书张鹏翮、侍郎赫寿。这两人原来就和噶礼关系不错，这次又得了他的许多好处，于是决定马上停审结案，想一并处理了赵晋和行贿的考生完事。而此时的噶礼立刻反咬二口，诬陷张伯行七条罪名，上奏皇帝。张鹏翮、赫寿也回奏说："赵晋与考生串通作弊属实，但说噶礼参与作弊那是张伯行的诬陷，要求罢张伯行的官。"

张伯行不畏权势，再次上疏康熙帝，坚决要求依法惩办。康熙帝只好再派尚书穆和伦、张廷框去复查。他二人同样得到噶礼的许多好处，竟又维持张、赫调查的结果。张伯行一再受到诬害打击，他毫不畏惧，再次上奏，详明案情和审理经过，附上犯人亲笔口供及旁证，表示宁可丢官也要依法办事。康熙感到一方要追查，一方不让追查，这里必有鬼，于是派了靠得住的人去秘密调查，结果与张伯行的审理结果完全一样。

康熙又亲自审案，果然如此。当即下令将噶礼等人犯依法治罪；怒斥了张鹏翮、赫寿、穆和伦、张廷框，处以降职；提升张伯行为尚书。张伯行打"草"，惊出"大蛇"，为清王朝整顿吏治立了一功。

贺龙严词惩领事

1925年，贺龙在湖南北部一个叫沣洲的地方任镇守使。沣洲位于沣水之滨，水上交通十分便利。因此，这一带私运军火、走私毒品等不法活动非常猖獗，一些外国商人勾结国内利欲熏心的官僚、军阀，利用水运的便利条件，频繁出没在这一地区，猖狂从事走私活动。贺龙对此十分痛恨，上任后下决心要整治这一社会毒瘤。

有一天，值勤士兵发现一艘英国商船上的货物内夹有枪支弹药和不少鸦片。遵照贺龙的命令，士兵将船扣留。

船被扣了，英商慌了。他们立即去长沙找英国领事商量对策。

英国领事仗着有湖南省政府的支持，见了贺龙，就傲慢地问："请问贺镇守使，我大英公民来华经商有何罪？"

只见贺龙不紧不慢地说："正当经商，当然一点罪也没有。不仅无罪，我们还非常欢迎。"

"那为什么扣留我们的商船？"英国领事拍着桌子大怒。

贺龙不动声色地说："领事阁下，我怎敢扣留贵国商船？省政府安排我在此当镇守使，我只不过是例行公事。只要你将船上的货物列个清单，我们查对无误，就立即放行。"

英国领事见贺龙态度温和，以为他软弱可欺，就当场列清单，不过，他们并没有，也不敢列出枪支弹药和鸦片。

贺龙接过货单一看，故意追问："是否全部列出？没有漏掉的吗？"

英商和英国领事急忙点头，他们哪里考虑那么多，认为贺龙只不过是"例行公事"，心想，你赶快放船吧！

这时，贺龙传令，叫进一名年轻的军官，将英国领事亲笔写下的货单交给他，说："我叫你们检查那条被扣商船上所载的货物，你们检查结果与货单相符吗？"年轻军官看看货单，立即回答："报告长官，船上还有不少枪支和鸦片。"贺龙笑了，他一步一步走近英国领事说："领事阁下，误会了。我们扣留的这条船上有枪支弹药，还有鸦片，你说你们那条船没有这些货物，看来我们扣留的是另外一条走私船，与贵国无关。请你们回长沙好了。"面对强敌，贺龙的话语十分灵活。

英国领事听贺龙这么一说，一下子呆住了。因为他怎么也没想到，眼前的这个贺龙这么厉害。英国领事和省府官员一时不知所措，很久没有开口。

而过了一会儿，英国领事不得不装出一副笑脸对贺龙说："那条船的确是英国商船。他们带的鸦片是自己吸的。贺镇守使如此忠于职守真是令人佩服，佩服！"

贺龙毫无表情地说道："那么，请阁下在原来的货单上把枪支弹药和鸦片列上。"

英国领事以为刚才的阿谀奉承起到了作用，补上货单可能会放行。于是，英国领事命令英商在原货单上补写了"枪支弹药"和"鸦片"。英国领事、英商在货单上签了字，省府官员为证人也签了字。

贺龙拿着清单，把脸沉下来，十分严肃地说道："尊敬的领事阁下，按照国际法规定，私运军火要严惩，走私毒品更要从严！贵国商人无视国际法，危害我国的主权和尊严，理所当然应予严惩！"

就在贺龙义正严词地说这段话的时候，几位军人将标有英国商标的几箱军火、鸦片抬进大厅。贺龙指着箱子，厉声说："现在人证、物证俱在，我们将向全世界公布。领事阁下，你还有什么话要说？"

英国领事像泄了气的皮球，无话可说，省府官员也都惭愧地低下了头，不敢吭声。直到现在他们才明白，这一切都是贺龙的计谋，但悔之晚矣。而贺龙坚持原则的同时，却运用了巧妙的计谋，用"与贵国无关"来打草，惊"那条船的确是英国商船，他们的鸦片是自己吸的"之蛇，而不是死硬地坚持原则。

智慧解读

蛇一般是隐藏在草丛中的，要发现蛇就要打草，打草惊蛇是为了打蛇做准备。如果打蛇的工具没有准备好，或地形不利，这时已经发现了蛇，也不能打草，以防蛇跑掉。打草惊蛇用在军事上，是指敌方兵力没有暴露或者意向不明时，切不可轻敌冒进，应当查清敌方主力配置和运动状况后再说。打草惊蛇除了惊蛇走避之外，还可以避免被蛇咬，从这一点看，此计有着积极的意义。

第十四计　借尸还魂

原文

有用者，不可借(1)；不能用者，求借(2)。借不能用者而用之，匪我求童蒙，童蒙求我(3)。

注释

（1）有用者，不可借：意为世间许多看上去很有用处的东西，往往不容易去驾驭而为已用。

（2）不能用者，求借：即有些看上去无什用途的东西，往往有时我还可以借助它而为己发挥作用。犹如我欲"还魂"还必得借助看似无用的"尸体"的道理。此言兵法，是说兵家要善于抓住一切机会，甚至是看去无什用处的东西，努力争取主动，壮大自己，即时利用而转不利为有利，乃至转败为胜。

（3）匪我求童蒙，童蒙求我：语出《易经·蒙》卦。蒙，卦名。本卦是异卦相叠（下坎上艮）。本卦上卦为艮为山，下卦为坎为水为险。山下有险，草木丛生，故说"蒙"。这是蒙卦卦象。这里

"童蒙"是指幼稚无知、求师教诲的儿童。此句意为不是我求助于愚昧之人，而是愚昧之人有求于我了。

译文

凡是自身能有所作为的人，往往难以驾驭和控制，因而不能为我所用；凡是自身不能有所作为的人，往往需要依赖别人求得生存和发展，因而就有可能为我所用。将自身不能有作为的人加以控制和利用，这其中的道理，正与幼稚蒙昧之人需要求助于足智多谋的人，而不是足智多谋的人需要求助于幼稚蒙昧的人一样。

按语

换代之际(1)，纷立亡国之后者(2)，固借尸还魂之意也(3)。凡一切寄兵权于人(4)，而代其攻守者，皆此用也。

注释

(1) 换代：改朝换代。

(2) 亡国之后：已被推翻的王朝国君的后代。

(3) 固：本来。

(4) 寄兵权于人：寄，依托。此语意为：手中实际握有兵权，却在名义上依托在别人门下。

按语之译文

每当改朝换代的历史时刻，那些纷纷将某个已被推倒的王朝君主的后代暂时捧为新君的做法，原本就是"借尸还魂"的计谋。凡是将兵权寄托在某人的名下，而以代理之名实际掌管征伐大权的人，也是用的"借尸还魂"的谋略。

典故

秦朝实行暴政，天下百姓"欲为乱者，十室有五。"大家都有反秦的愿望，但是如果没有强有力的领导者和组织者，也就难成大事。秦二世元年，陈胜、吴广被征发到渔阳戍边。当这些戍卒走到大泽乡时，连降大雨，道路被水淹没，眼看无法按时到达渔阳了。秦朝法律规定，凡是不能按时到达指定地点的戍卒，一律处斩。陈胜、吴广知道，即使到达渔阳，也会误期被杀，不如一拼，寻求一条活路。他们知道同去的戍卒也都有这种思想，正是举兵起义的大好时机。

陈胜又想到，自己地位低下，恐怕没有号召力。当时有两位名人深受人民尊敬，一个是秦始皇的大儿子扶苏，温良贤明，已被阴险狠毒的秦二世暗中杀害，老百姓却不知情，另一个是楚将项燕，功勋卓著，爱护将士，威望极高，在秦灭六国之后不知去向。于是陈胜公开打出他们的旗号，以期能够得到大家拥护。他们还利用当时人们的迷信心理，巧妙地作了其它安排。有一天，士兵做饭时，在鱼腹中发现一块丝帛，上写"陈胜王"（这个王字是称王的意思），士兵大惊，暗中传开。吴广又趁夜深人静之时，在旷野荒庙中学狐狸叫，士兵们还隐隐约约地听到空中有"大楚兴，陈胜王"的口号。他们以为陈胜不是一般的人，肯定是"天意"让他来领导大家的。陈胜、吴广见时机已到，率领戍卒杀死朝廷派来的将尉。陈胜登高一呼，揭竿而起。他说：我们反正活不成了，不如和他们拼个你死我活，就是死，也要死出个样儿来。于是，陈胜自号为将军，吴广为都尉，攻占大泽乡，天下云集响应，节节胜利，所向披靡。后来，部下拥立陈胜为王，国号"张楚"。

经典案例

曹操挟持汉献帝

东汉末年，天下大乱，群雄逐鹿。曹操胸怀大志，决心改朝换代，统一中原。

古代圣贤说过：名不正则言不顺，言不顺则事不成。曹操一度为自己大动干戈的名义问题而烦恼。谋士对曹操说："在历史上，晋文帝接纳了周襄王，各地诸侯便纷纷地投靠于他。汉高祖为义帝孝服东征，天下之人都归心于他。自天子蒙难，您首倡义兵以来，无时无刻不感念汉室。现在，天子已到达洛阳，正是您建功立业的大好时机。您若把天子迎奉到许都，至少有三点好处：一可以顺从民心，得到百姓的拥戴；二可以借辅佐天子之机，使各地诸侯顺服；三可以取义于天下，使英才前来投效。到那时谁能与您相比呢？"

曹操闻言大喜，遂亲赴洛阳，将汉献帝奉迎至许都。说是"奉迎"，实际上是"挟持"。自此，曹操挟天子以令诸侯，成为权倾朝野的枭雄。

奉迎天子，以令诸侯，确实有利可图。曹操欲借已经衰落的汉朝之"尸",还自己成为中原霸主之"魂"。曹操这一谋略对于他日后的发展起了举足轻重的作用。

刘备名正言顺占荆州

刘备要占据荆州的打算由来已久。早在诸葛亮的隆中对策中，就提出了以荆州为根据地的主张。所以，刘备在与孙权联合在赤壁大胜曹操之后，便迫不及待地抢占了荆州。

荆州原是刘表的属地，刘备初来乍到，对当时的混乱局面一时无法控制。名士马良向刘备献计说："主公如果举荐刘表的儿子刘琦做荆州刺史，那么荆州人一定会心悦诚服。刘表是荆州的故主，刘琦是刘表的儿子，子承父业，名正言顺。这样，孙权就没有借口索要荆州了。"刘备觉得很有道理，便让刘琦做了荆州刺史。果然，荆州的局势很快安定下来，孙权也没有索要荆州。后来刘琦死了，刘备自领荆州牧，长期占据了荆州。

刘备刚入荆州，立足未稳，便借刘表之子刘琦，来收买人心。在这里，刘备借用的只是刘琦的名义，而要达到的是长期占据荆州的目的。一旦刘备站稳脚跟，所借之物也就失去了作用。

智慧解读

借尸还魂的涵义是自己在失败之后，要凭借或利用某种力量，以图东山再起。用在军事上、政治上，即扶弱国、继绝世的豪举，这在东周列国时代比比皆是。这种现象发生在商场上最多。但使用这一计时一定要慎重考虑，因为"尸"是不会白借，也不可以乱借的；如果僵尸入屋，不仅搞得自己家宅不宁，也会招来不少乘人之危、趁火打劫的人。

第十五计 调虎离山

原文

待天以困之[1]，用人以诱之[2]，往蹇来连[3]。

注释

（1）待天以困之：天，指自然的各种条件或情况。此句意为战场上我方等待天然的条件或情况对敌方不利时，我再去围困他。

（2）用人以诱之：用人为的假象去诱惑他（指敌人），使他向我就范。

（3）往蹇来连：蹇，困难；连，艰难。这句意为：往来皆难，行路困难重重。

译文

等待自然条件对敌方不利时再去围困它，用人为的假象去诱骗它。向前进攻有危险，那就想办法让敌人过来攻我。

按语

兵书曰："下政攻城"。若攻坚，则自取败亡矣。敌既得地利，则不可争其地。且敌有主而势大：有主，则非利不来趋；势大，则非天人合用，不能胜。汉末，羌率众数千[1]，遮虞诩[2]于队仓崤谷。诩即停军不进，而宣言上书请兵，须到乃发。羌闻之，乃分抄旁县。翔因其兵散，日夜进道，兼行百余里，令军士各作两灶，日倍增之，羌不敢逼，遂大破之。兵到乃发者，利诱之也；日夜兼进者，用天时以困之也；倍增其灶者，惑之以人事也。

注释

（1）羌：中国西部地区的古代民族。主要分布在今甘肃、青海、四川一带。

（2）虞诩：东汉大臣。陈国武平（今河南鹿邑）人。历任朝歌（今河南淇县）长、武都太守，司隶校尉，后官至尚书令。以镇压羌人起义及敢于刺举、不畏权贵而闻名。

按语之译文

《孙子兵法》说："攻城是下策。"如果去强攻坚固的城池，就可能自招失败或灭亡。敌人既已占据有利地形，就不能去同他争夺这块地盘；况且敌人还居于主动地位，而力量又占优势。敌人既是居于主动地位，如果不是对他有利，是不会离开驻地向我进攻的；敌人既是在力量上占优势，我方若不综合运用天时地利人和等条件，就难以取胜。东汉末年，羌人首领统率数千兵马，将武都太军虞诩的部队围困在陈仓崤谷中。虞诩便让部队停止前进，同时扬言要请求朝廷派援兵来，而且一定要等援兵到来后再进军。羌人听到这个消息后，认为援军一时到不了，便将部众分散到近旁各县去抢掠财物。虞诩便乘羌兵分散之机，日夜进军、每昼夜以加倍的速度行军百余里。又令军士在驻军做饭时，同时做两个灶，并使灶的数目每天增加一倍。羌人误以为援军已陆续到达，便不敢追逼攻击，结果虞诩大破羌兵。虞诩扬言要等候援军到后再进军，就是故意让羌人分兵抄掠，用利诱的办法将其调开；他不分昼夜地急行军，就是要争取时间，出其不意，置敌于困境；而加倍修灶，就是用人为的假象迷惑敌人，使之误以为援军已陆续到达。

典故

东汉末年，军阀并起，各霸一方。孙坚之子孙策，年仅十七岁，年少有为，继承父志，势力逐渐强大。公元 199 年，孙策欲向北推进，准备夺取江北卢江郡。卢江郡南有长江之险，北有淮水阻隔，易守难攻。另外占据卢江的军阀刘勋势力强大，野心勃勃。孙策知道，如果硬攻，取胜的机会很小。他和众将商议，定出了一条调虎离山的妙计。针对军阀刘勋，极其贪财的弱点，孙策派人给刘勋送去一份厚礼，并在信中把刘勋大肆吹捧一番。信中说刘勋功名远播，今人仰慕，并表示要与刘勋交好。孙策还以弱者的身份向刘勋求救。他说，上缭经常派兵侵扰我们，我们力弱，不能远征，请求将军发兵降服上缭，我们感激不尽。刘勋见孙策极力讨好他，万分得意。上缭一带，十分富庶，刘勋早想夺取，今见孙策软弱无能，免去了后顾之忧，决定发兵上缭。部将刘晔极力劝阻，刘勋哪里听得进去？他已经被孙策的厚礼、甜言迷惑住了。孙策时刻监视刘勋的行动，见刘勋亲自率领几万兵马去攻上缭，城内空虚，心中大喜，说："老虎已被我调出山了，我们赶快去占据它的老窝吧！"于是立即率领人马，水陆并进，袭击卢江，几乎没遇到顽强的抵抗，就十分顺利地控制了卢江。刘勋猛攻上缭，一直不能取胜。突然得报，孙策已取卢江，情知中计，后悔已经来不及了，只得灰溜溜地投奔曹操。孙策取胜就是运用了"调虎离山"之计。

经典案例

司马懿骗曹爽

三国魏少帝时，皇族曹爽为大将军，司马懿为太尉。曹爽无论资格、能力都远远比不上司马懿，他担心司马懿迟早会篡夺曹氏江山，就让魏少帝提升司马懿为太傅，实际上是剥夺了他的兵权。司马懿十分清楚曹爽的意图，为了不让曹爽进一步加害于他，他干脆装病不入朝。曹爽又派亲信李胜去探听虚实，司马懿故意装疯卖傻：仆人侍候他喝粥，他不能用手接，而是直接把嘴放到碗边喝，只见粥顺着碗边流下来，把他的衣物全打湿了。李胜见此情景，觉得司马懿病得不轻，回去全告诉了曹爽，曹爽大松了一口气。

公元 249 年 1 月，"病"中的司马懿乘机派人提醒魏少帝去祭祖，少帝果然领着他的王族及亲信全部出城去祭祖。司马懿听报少帝一行刚出皇城，见"虎"已调出，立即披甲带枪，同他的两个儿子，率领兵马抢占了城门和兵库，并假传丘太后的诏令，撤了曹爽的军职。曹爽一行得知城里情况，一时慌了阵脚，同时，他们都是些吃喝玩乐之辈，经司马懿轮番的利诱与威逼，曹爽只得缴械投降。后来，司马懿以"谋反罪"，杀了曹爽一干人，如此，魏国的军、政大权尽归于司马懿一族人的手上。

长平之战

战国时，秦国出兵攻打赵国。赵国名将廉颇凭借长平关易守难攻的险要地势，屡次挫败秦军。

秦国把坚守长平关的廉颇视为眼中钉、肉中刺，精心策划了反间计，使赵王对廉颇起了疑心，将廉颇撤换下来，派去了无实战经验、只会纸上谈兵的赵括。

秦将白起为了引诱赵括离开长平关，故意打了几个败仗后退走。赵括求胜心切，轻易杀出长平关，出城追击秦军，结果进入了秦军的埋伏圈。白起将赵括的40万大军断成两段，分而制之。

赵括只好就地筑起营垒，等待援兵。其实援兵早被白起悉数全歼。赵括在营垒里苦等了40余天，急得像热锅上的蚂蚁。这时秦军故意网开一面，引诱赵括强行突围，结果赵括轻易离开营垒，再次进入秦军的埋伏圈。这一次赵括回天无力，全军覆没。

在这里，秦军三次使用调虎离山之计。第一次用反间计调走了廉颇这只虎，第二次调赵括离开易守难攻的长平关，第三次诱骗赵括离开临时营垒。称奇的是，秦军使用调虎离山之计连连得手，赵括一而再、再而三地上了秦军的圈套。

公子光眼中的三颗钉

春秋后期，吴国的公子光，因为觉得自己天资聪慧，武艺超群，长得也超帅，所以早就觉得吴国国王的位子应该由他来坐，然后通过奋斗和努力走向胜利最终实现霸业。可是让他头大的是现在的吴王僚有三个儿子，因为从小吃得好，又找高人拜师学艺，所以个个膀大腰圆，骁勇剽悍。

老大掩余：力大无比，气壮如牛。肌肉健壮，特别是胸大肌高度和肱二头肌的粗壮在天下无人能出其右。

老二烛庸：面目狰狞，耐力极强。擅长近距离肉搏战，一旦有人被他缠住，此人不是被他窒息而死就是被他压死，总之就一个字"死"。

老三庆忌：在轻功和远距离投掷上的修为甚高。身形飘忽，神龙见首不见尾，喜欢在悬崖边上飞下跳。

有了这三个儿子的保护，要向吴王僚下手绝非易事，弄得不好篡位不成反害自己的老婆中年守寡。公子光只能边干着急，边等待机会。

伍子胥，身材伟岸，高大威猛，腰围超常，两眉之间的距离有一尺之宽，所以他的头也很大。他是从楚国逃难来到吴国的。伍子胥擅长谋略和创造时机。他从公子光咬牙切齿地瞪吴王，看到吴王三个威猛的儿子无奈地摇头，看着龙椅眼睛放光等情况已经知道了公子光的心思。伍子胥暗中活动，创造条件打算帮助公子光。恰好那时候楚国的楚平王因为国家治理不好，外敌又来入侵，一着急给急死了。楚国国内一片一大乱，形势十分危急，这正是吴国借口援助而趁乱取利的好机会。于是伍子胥对公子光建议说："如果你这个时候给吴王僚建议，乘楚国内乱向他们发起进攻，吴王僚肯定会觉得你聪明，为吴国着想，然后你再借口自己的腰扭伤了，让他派他的大儿子和二儿子带兵前往，他们不是很能打吗？吴王肯定会同意的，而他们也肯定会开心，这样三个儿子就离开了两个。剩下那个擅长轻功的可以派他去出使郑国和卫国。这样子的话他的三个儿子就都不在吴王身边了。剩下一个吴王僚还不任你想怎么样就怎么样？那个时候他喊破喉咙也没用了……"公子光道："这倒是很好的计谋。"此即为"调虎离山"之计。

毛泽东率军和阎锡山周旋

1936 年 3 月间，毛泽东率领中央总部机关从延安转移到晋西一带。红军主力则分兵南下北上。总部身边只有一个特务团和少数参谋、警卫人员，一共不到 500 人。

此后，这只小部队在毛泽东的指挥下几乎天天行军，每到一地，就发动群众打土豪，扩充红军。一天，毛泽东召集大家开会，他说："左、右两路军已经胜利地打出去了，我们这支'中路军'队伍虽小，但要做大事情。我们暂时还不准备回陕北，而要在晋西一带兜圈子。你们要做好多跑些路的思想准备啊！"毛泽东说完，脸上露出了意味深长的笑容。

不久，"中路军"与敌人交上火。以后，这支小部队牵着敌人的鼻子，在孝义、灵石以西，中阳以南，石楼、隰县以东的范围内转来转去。当敌人的追击部队推至黄河边时，毛泽东率领"中路军"从敌人的缝隙里，猛然向东穿插，急行军一天半，一下子把敌人甩出老远。

此时，前方不断传来红军胜利的消息。北上红军主力十五军团与红二十八军会师，在康宁镇、金罗镇歼灭了阎锡山十几个团。一军团沿同蒲路南下一直打到侯马，沿途消灭了许多敌人，红军的队伍不断壮大。

至此，大家才明白了毛泽东调虎离山的计谋：用"中路军"调动敌人，牵制敌人，缓解前线红军的压力，使左、右路军顺利发展。

约书亚攻打艾城

被达尼尔·莱歇尔称作为"战争手册"的《旧约·约书亚记》中，记述了公元前 13 世纪约书亚攻打艾城的故事。

约书亚在攻打艾城时，把以色列军队分成两部分，约书亚率领一部分人先冲向艾城，佯装要打进城去。艾城人出城迎战。约书亚佯装战败，向远处的旷野逃跑。于是，艾城人倾城出动，猛追逃敌。等追到距城相当远的地方，以色列突然掉头，向追来的敌人发动了反攻。而在此之前，另一支以色列军队已趁着夜色，在离城不远的地方隐蔽下来。

在艾城人倾城出动，去追击"逃跑"的以色列人之后，这支以色列军队从隐蔽处冲出来，他们没费多大周折就占据了城池。随后，他们接到了约书亚发来的信号：立即出动去支援在旷野中与敌人作战的同伴们。艾城人受到两面夹攻，最后被全部消灭。

然而达尼尔·莱歇尔在他的《运动性与不确定性》一书中强调，约书亚的胜利并不仅仅归功于计谋。

刘经理用诱人之计低价购进大理石

刘经理经营的"珠光商场""珠光酒店""珠光宾馆"系列号称"珠光城"。珠光城在省城是"城"上之明珠，商场、酒店、宾馆三位一体，经营有方，获利可观，刘经理也是省城的知名人士。刘经理争得一地，准备再建一个"珠光夜总会"，并打算从本市的大发大理石加工厂购进一批大理石。

珠光城的刘经理跟大发大理石厂韩经理商定，3天后进行谈判。

韩经理知道，珠光城的刘经理之所以选择他们大发大理石厂，是因为附近只有他们厂生产的大理石质量最好，足以和进口大理石媲美，当然价格要比进口大理石便宜得多。韩经理是一个很有野心的人，他想在谈判时提出一些要求作为销售大理石的交换条件，他不是想抬高价格，而是想入股"珠光城"。

第四天，谈判开始了，寒暄之后，刘经理转入正题，提出大量购进一批大理石。韩经理当即同意，并提出自己想入股珠光城的想法，否则将不把大理石卖与珠光城。

刘经理没有同意，谈判不欢而散。

刘经理回去后，正为大理石一事发愁，一个刚成立的大理石厂经理找上门来，要以较低的价格卖给珠光城大理石。刘经理知道，这个刚成立的大理石厂的产品质量肯定不如大发大理石厂，但他还是稳住这个人，并约定次日见面。

韩经理知道这事后，立即着了慌，他没料到珠光城会和别的厂家交易，只好立即答应一切条件，并再不提入股珠光城一事。

上例谈判，刘经理成功地运用了"调虎离山"之计，调开了韩经理投资珠光城的野心，促使他为保住销路而和自己做这笔大理石生意。

智慧解读

调虎离山：设法使老虎离开原来的山冈；比喻用计谋调动对方离开原来的有利地位；目的在于削弱对方的抵抗力，减少自己的危险。在军事上指，如果敌方占据来有利的地势，并且兵力众多，这时我方应把敌人引出坚固的据点，或者把敌人引入对我方有利的地区，才可以取胜。

在政治斗争中，这一计用得最多，且亦渐神化。从其应用中可见，此计是一个阴险的谋略。

第十六计　欲擒故纵

原文

逼则反兵；走则减势[1]。紧随勿迫。累其气力，消其斗志，散而后擒，兵不血刃[2]。需，有孚，光[3]。

注释

（1）逼则反兵，走则减势：走，跑。逼迫敌人太紧，他可能因此拼死反扑，若让他逃跑则可减削他的气势。

（2）兵不血刃：血刃，血染刀刃。此句意为兵器上不沾血。

（3）需，有孚，光：《易经，需》卦卦辞："需，有孚，光亨"。孚，诚心。光，通广。句意为：要善于等待，要有诚心（包含耐性），就会有大吉大利。

译文

逼得敌军太紧，对方就会回师反扑。如果让敌军逃跑，就可以削减其气势。追击敌人，只需紧随其后而不要过于逼迫它，以消耗其体力，瓦解其斗志，待其溃散时再捕捉他，就可以避免流血。这是从《需卦》卦辞"需，有孚，光亨贞吉"一语中悟出的道理。

按语

所谓纵着，非放之也，随之，而稍松之耳。"穷寇勿追[1]"，亦即此意，盖不追者，非不随也，不追之而已。武侯之七纵七擒[2]，即纵而蹑之，故展转推进，至于不毛之地。武侯之七纵，其意在拓地，在借孟获以服诸蛮[3]，非兵法也。故论战，则擒者不可复纵。

注释

（1）穷寇勿追：语出《孙子兵法·军争篇》，原为"穷寇勿迫"。穷，穷途，无路可走；穷寇，指陷于困境、绝境的敌人。勿迫，不可逼得太紧。

（2）武侯：三国时蜀承相诸葛亮，蜀后主建兴元年（223）封武乡侯、领益州牧。

（3）孟获：三国时期彝族首领。蜀汉建宁（今云南曲靖）人、刘备死后，他和建宁豪强雍闿起兵反蜀，数为诸葛亮所败，曾被七擒七纵。后归附蜀汉，为御史中丞。

按语之译文

这里讲的"纵"，不是对敌人放纵不理，而是追随其后，只是稍稍松懈，令敌人有喘息的机会而已。孙子所讲的"穷寇勿追"，即对处于绝境的敌军，不要过分逼迫，这也是纵的意思；所谓不追，并不是不跟随，而是说不要过分逼迫它。三国时，诸葛亮七纵七擒的计谋，就是释放了孟获后而追随他，如此辗转推进，部队跟进到人迹罕至的地方。诸葛亮之所以七次释放孟获，其意图在于开拓疆土，在于借征服孟获而令其他蛮族臣服蜀汉，这不是用兵打仗的普遍法则，如果单就战役、战斗而论，不能把已擒俘的敌人随便放掉。

典故

诸葛亮七擒孟获，就是军事史上一个"欲擒故纵"的绝妙战例。蜀汉建立之后，定下北伐大计。当时西南夷酋长孟获率十万大军侵犯蜀国。诸葛亮为了解决北伐的后顾之忧，决定亲自率兵先平孟获。蜀军主力到达泸水（今金沙江）附近，诱敌出战，事先在山谷中埋下伏兵，孟获被诱入伏击圈内，兵败被擒。

按说，擒拿敌军主帅的目的已经达到，敌军一时也不会有很强战斗力了，乘胜追击，自可大破敌军。但是诸葛亮考虑到孟获在西南夷中威望很高，影响很大，如果让他心悦诚服，主动请降，就能使南方真正稳定。不然的话，南方夷各个部落仍不会停止侵扰，后方难以安定。诸葛亮决定对孟获采取"攻心"战，断然释放孟获。孟获表示下次定能击败你，诸葛亮笑而不答。孟获回营，拖走所有船只，据守泸水南岸，阻止蜀军渡河。诸葛亮乘敌不备，从敌人不设防的下流偷渡过河，并袭击了孟获的粮仓。孟获暴怒，要严惩将士，激起将士的反抗，于是相约投降，趁孟获不备，将孟获绑赴蜀营。诸葛亮见孟获仍不服，再次释放。以后孟获又施了许多计策，都被诸葛亮识破，四次被擒，四次被释放。最后一次，诸葛亮火烧孟获的藤甲兵，第七次生擒孟获。终于感动了孟获，他真诚地感谢诸葛亮七次不杀之恩，誓不再反。

从此，蜀国西南安定，诸葛亮才得以举兵北伐。

经典案例

郑武公"欲擒故纵"天胡国

春秋时，郑国郑武公是个足智多谋的侯君，他想吞并邻邦胡国。胡国虽是个小诸侯国，但它兵强马壮，国人英勇善战，郑国若是贸然出战，未必能获胜。于是，郑武公想出一个欲擒故纵的计策：他首先假意与胡国通好，把自己美丽的公主下嫁给胡国君。胡国国君自然是喜出望外，而郑国公主肩负重任，她一方面引诱胡君整日沉醉于花天酒地中，松怠国政；一方面，为郑武公打探胡国的政治和军事情报。

郑武公又假意召开如何攻打小国、拓展国土的秘密会议。大夫关其思不知情，大胆进谏说："目前来看，攻打胡国最容易，一来灭胡后可得利，二来又替周朝廷征伐了外族，巩固了周邦。"郑武公大怒道："我与胡国最近才缔结友邦，更何况我的公主在那边，如果把胡侯杀死了，我女儿岂不成了寡妇了？大胆狂徒！"，郑武公说完，下令立刻斩杀了关其思。其他大臣都不敢再言。消息马上传到了胡国，胡君就更加相信郑国了，而完全放松了警惕，也更加放纵自流。郑武公见时机成熟，大举进攻胡国。不久，就攻克了胡国，胡君被杀，胡国疆域全归郑国。

李朔降服淮西军

李朔是唐代中期名将李晟之子。蔡州（今河南省汝南县）是当时淮西镇（位于今河南省东南部）的治所（即首府）。淮西镇是唐代中期诸多藩镇割据中的一个顽固堡垒。

唐朝在"安史之乱"后，国家开始从鼎盛走向衰弱，各地出现了藩镇割据的局面。各地节度使割据一方，独揽军政、财政大权，营造自己的独立王国，并在实力雄厚之时抗拒朝廷。藩镇割据势力的发展，进一步削弱了唐王朝的统治。唐王朝为了维护统一的局面，恢复中央集权，便在国家财力比较丰厚和边疆形势逐渐缓和的情况下，开始致力于削平藩镇割据。

公元807年，唐宪宗顺利地平定了西川、夏绥、镇海三镇的叛乱，开始向淮西、成德的割据势力讨伐。李朔奇袭蔡州就是朝廷军队平定淮西节度使吴元济割据势力的战例。在这场袭战中，李朔针对士兵因屡战屡败而产生的厌战心理，制定了利用险峻的地形、恶劣的天气袭击敌人的策略，以此稳定士兵的情绪，坚定他们誓死作战的决心。最后，他的军队在雪夜攻下了蔡州城，活捉了吴元济。这场战斗的胜利，对平定淮西、成德的藩镇割据势力起了决定性的作用，同时，也提升了军队的整体士气。

唐宪宗元和九年（公元814年），淮西节度使吴少阳病死，其子吴元济自己顶替吴少阳之职，拒纳唐朝吊祭使者，并且发兵在今河南舞阳、叶县、鲁山一带四处烧杀掳掠。唐宪宗决定对他用兵讨伐。朝廷调集军队从四面进攻淮西，其中南、北方向的军队曾稍有些进展；东、西路军则被淮西军击败。公元815年至816年间，唐朝廷曾多次调整淮西的东、西路军的统帅。朝廷派高霞寓接任原西路军将领严绶，而高霞寓在朗山的一次战斗中击败了淮西军后，不久就在文城栅（今河南省遂平西南）大败。其后，再换袁滋接替高霞寓，在仍没有什么进展的情况下，又派李朔代替袁滋，继续担负从西面进攻淮西的任务。可以说，李朔是在四路军屡战屡败的情况下上任的。公元817年正月，李朔到达蔡州。此时的唐军在连败之后，士气低落，士兵都十分惧怕作战。李朔上任后动员士兵说："天子知道我李朔柔懦，能忍受战败之耻，所以派我来安抚你们。至于攻城进取，那不是我的事。"士卒们听了李朔的这些话，才稍稍安下心来。

李朔针对官兵们的这种心理状态，首先做了许多安定军心的工作。他亲自慰问士卒，抚恤伤病者。当地由于战乱频繁，大批老百姓逃往他乡。李朔派人安抚当地百姓，以他的军队保护他们。在军中，李朔也不讲究长官的威严，不强调军政的严整。他的这些行动，一方面安抚了士兵，另一方面也是向敌人佯示无所作为。他的行动果然麻痹了吴元济，吴元济对这位上任前地位不高，也没有什么名气的唐军将领不屑一顾，并放松了戒备。

在将士情绪稍稳定一些后，李朔开始着手修理器械，训练军队，以提高军队的战斗力。他制定并实行了优待俘虏及降军家属的政策，在先后俘获了吴元济手下的官员、将领丁士良、陈光洽、吴秀琳、李佑等人后，对他们给予信任，并且委以官职，并通过他们逐渐摸清了淮西军的虚实。

同年5月，李朔夺占了蔡州的一些外围要点并占领了蔡州以南的白狗、汶港、楚城等地，切断了蔡州与附近申州、光州的联系。5月26日，李朔派兵攻打朗山，淮西军队前来救援，唐军遭到内外夹击而失利。他手下诸将都懊丧不已，但李朔并不气馁，他说："我如连战皆胜，敌必戒备。此次败北，正可麻痹敌军，为以后攻其不备奠定基础。"他在战后招募了敢死的士兵3000人，早晚亲自训练，以增加军队的突击力，为袭击蔡州做准备。九月二十八日，李朔经周密准备，率军出其不意地攻占了关房（今河南省遂平）外城，淮西军千余人被歼，其余人退到内城坚守。李朔命军队佯退诱敌，淮西军以骑兵500追击官军，官兵受惊欲退，李朔下令道："敢后退者斩。"于是官军又回军力战，击退敌军。将士们要乘胜追击攻取其城，李朔不同意，他认为，如不攻此城，敌人必分兵守之，而敌人兵力分散,正好利于夺取蔡州,因此他下令还营。这时,降将李佑向李朔建议:"蔡州的精兵都在洄曲(今河南省漯河市沙河与满澧河汇合处下游一带)及周围拒守,蔡州城内都是些老弱兵卒,可以乘虚直抵蔡州城,等外边的叛军听到消息,吴元济就已经被擒了。"李佑的意见,正好与李朔的想法不谋而合。十月,李朔见袭击蔡州的条件已经成熟,便开始部署袭击蔡州计划:李朔命随州刺史史文镇守文城栅;命降将李佑、李忠义(即李宪)率3000人为前驱,自己率3000人为中军,李进诚率3000人为后军,奇袭蔡州。为严守行动秘密,军队从文城栅出发时,李朔不告诉他们行动的目的地,只命令说:往东前进。这一天天气阴晦,风雪交加,军队东行60里后,到达张柴村。李朔率军迅速袭破了这个村子,全歼淮西军布置在这里的守军及通报紧急情况的烽火兵,抢占了这一要地。李朔命令士兵稍事休息,吃点干粮,并布置留下500人截断桥梁,以防洄曲方面的淮西军回救蔡州,另留500人以警戒朗山方向的救兵。布置完毕后,李朔亲自带领部队趁夜冒雪继续向东急进。将领们请示去哪里,李朔告诉他们:去蔡州城捉拿吴元济!这夜的天气异常寒冷,大风送着大雪,旌旗也被风撕裂,沿路都可看见冻死的兵士和马匹,军队所经的道路非常险峻,是从来没有人走过的。因为李朔公布了严格的军纪,因而没有人敢违抗。军队继续行进了70里,赶到蔡州时,天还没亮。近城处有个养鹅、鸭的池塘,鹅、鸭全栖息在池塘边的棚里,李朔命令惊打鹅鸭以掩盖军队行进的声音,分散淮西军的注意力。自从吴少阳抗拒朝廷以来,官军不到蔡州城已有30多年了,因此蔡州城的戒备松弛,淮西军未作防范。李朔的军队很快进入了蔡州城并占领了战略要地。天明雪止之时,有人告诉吴元济说,唐军已至并占领了蔡州。这时,吴元济根本不相信唐军会来得如此迅速,直到听见李朔的号令,才仓促率亲兵登上牙城(内城）抗拒。蔡州民众帮助唐军火烧内城南门，唐军破门擒获吴元济。当时，吴元济的部将董重质拥有的精兵数万据守洄曲。李朔派人厚抚董重质的家属，叫董重质之子前往洄曲召降董军，使这部分淮西军归降朝廷。朝廷北路军此时也占据了洄曲。申、光二州的守兵见蔡州已破，也先后投降，淮西平定吴元济之战至此宣告结束。李朔"欲擒故纵"之计成功了。吴元济被活捉了，李朔将他用囚车监送长安。

苏无名抓盗贼

武则天执政时，曾赏给太平公主细玩宝物两食盒，价值百镒黄金。太平公主收下后藏在了府库中，却被人全部偷走。公主告诉了武则天，武则天大怒，命令洛州令限期查出盗贼。这样，命令被层层下达，落到了吏卒和巡捕头上，限令他们一天之内抓住盗贼，否则判为死罪。

吏卒、巡捕们很害怕，但又商量不出什么好办法。他们在路上遇到了湖州别驾苏无名。他们久闻苏无名才智过人，就请他到县里帮忙。县令一看来了救星，就向他请教如何抓贼。

苏无名让县令和他一块去见武则天。武则天问道："你有什么办法抓到贼人？"苏无名说："若让我抓盗贼，那就不要限定日期，不要再追究州府县令们的责任，把县里的捕盗和吏卒都归我指挥，我能给您追回宝物，请您静候佳音。"

苏无名立下了军令状，吏卒们都为他捏了一把汗，但他却不慌不忙，反而叫他们先等一个月左右。到了清明节那一天，苏无名才把吏卒们全部召来，给他们布置任务，让他们五个人或十个人为一伙，在东门、北门等候。如果发现有十几个穿着葬服的胡人，出城到北邙山扫墓，就跟随在他们后边，随时来报告他们的行动。

　　吏卒们在东门、北门等候，果然遇到了苏无名所说的那种情况。只见那十几个穿着葬服的胡人，来到一座新坟前祭奠，他们象征性地哭了几声，眼里竟然连一滴泪水都没有。撤下祭品后，他们沿着坟墓巡视了一圈后，就不禁相视而笑。

　　苏无名一看情况果如所料，就高兴地说道："找到盗贼了。"随即派吏卒把那些胡人全抓起来，掘开坟墓，劈开棺材一看，哪里有什么死人，而是晶莹夺目的稀世珍宝！于是上奏武则天。

　　武则天惊奇地问道："你怎么这样料事如神？"苏无名解释：当他到洛州之时，正巧碰见那些胡人出葬。他们哭的声音很大，但从脸上的表情来看并不伤心，并且反而有些惊慌。他一看便猜是盗贼往城外转移赃物，但不知他们把偷的东西埋在什么地方了。寒食节扫墓，估计他们要出城查看赃物是否安然无恙。他们祭奠而哭声不哀痛，可知里面埋的不是死人；又巡行坟墓相视而笑，是庆幸坟墓没有损坏。他一开始不让官府抓贼，是害怕打草惊蛇，贼人一急，必定取出宝物逃走。官府不查，他们就放了心，因此才没把宝物取走。

智慧解读

　　古人有"穷寇莫追"的说法，实际上不是不追，而是看怎样去追。把敌人逼急了，它只得集中全力，拼命反扑。不如暂时放松一下，使敌人丧失警惕，然后再伺机而动，歼灭敌人。因此，使用欲擒故纵之计，必须有过人的忍耐力和不惜牺牲的决心，表面上做得干脆利落，骨子里都要磨刀霍霍。但在一个尖锐复杂的战斗场面，手到擒来而又顺手放走，有时又有纵虎归山的危险，自己也会吞食恶果。所以此计使用时也一定要慎重为是。

第十七计　抛砖引玉

原文

类以诱之[1]，击蒙也[2]。

注释

（1）类以诱之：出示某种类似的东西并去诱惑他。

（2）击蒙也：语出《易经·蒙》击，撞击，打击。句意为：诱惑敌人，便可打击这种受我诱惑的愚蒙之人了。

译文

用极相类似的东西去迷惑敌人，使愚昧的敌人上当。

按语

诱敌之法甚多，最妙之法，不在疑似之间，而在类同，以固其惑。以旌旗金鼓诱敌者，疑似也；以老弱粮草诱敌者，则类同也。如：楚伐绞，军其南门，莫敖屈瑕曰[1]："绞小而轻，轻则寡谋，请勿捍采樵者以诱之。"从之，绞人获三十。明日绞人争出，驱楚役徙于山中。楚人坐守其北门，而伏诸山下，大败之，为城下之盟而还。又如孙膑减灶而诱杀庞涓[2]。

注释

（1）莫敖屈瑕：屈瑕，人名，楚武王之子，封于屈，故以屈为姓。莫敖，春秋时期楚国的官名，地位次于令尹。

（2）孙膑：战国时兵家，曾任齐威王军师。曾先后设计大败魏军于桂陵和马陵。庞涓：战国时魏将，曾与孙膑同学兵法；魏惠王十六年（前354）、二十八年（前342），先后两次在桂陵之战和马陵之战中败于孙膑。孙膑减灶诱杀庞涓：事见《史记·孙子吴起列传》。

按语之译文

诱惑敌人的方法有很多，最巧妙的办法，不是在模糊近似、使人感到相像又不像，而是要以类同的东西，去牢固地迷惑敌人。用虚张旌旗、鸣锣击鼓的方法去诱惑敌人，就是属于疑似的一类；出示年老体弱的士兵，或制造有粮或无粗的假相去诱惑敌人，就是属于类同的一类。例如：春秋时楚国出兵征伐绞国，陈兵于绞国都城的南门外。莫敖屈瑕献计说：绞国小且其君臣很轻狂，轻狂的人往往缺少计谋。请求采取不派士兵保护为我军打柴的人的办法去诱惑他们。"楚王采纳了屈瑕的计策。于是，头一天，让绞国人抓走了三十个打柴人。次日，绞国士兵争相出城，将楚方的打柴人往山中驱赶。而楚方则一方面派兵把守绞城的北门，截断绞兵的归路；一方面派兵埋伏在山下，因而大败绞军。结果，楚军迫使绞国与楚订立城下之盟，得胜而归。又如春秋时，齐国军师孙膑用减灶的办法，将魏兵诱入埋伏圈，而杀了魏将庞涓，也是一例。

典故

据北宋初年释道原所著《景德传灯录》所记：唐朝时有一个叫赵嘏（gǔ）的人，他的诗写的很好。曾因为一句"长笛一声人倚楼"得到一个"赵倚楼"的称号。那个时候还有一个叫常建的人，他的诗写的也很好，但是他总认为自己没有赵嘏写得好。

有一次，常建听说赵嘏要到苏州游玩，他十分高兴。心想"这是一个向他学习的好机会，千万不能错过。可是用什么办法才能让他留下诗句呢?"他想"赵嘏既然来到苏州，肯定会去灵岩寺的，如果我先在寺庙里留下半首诗，他看到以后一定会补全的。"于是，他就在墙上题下了半首诗。

后来赵嘏真的来到了灵岩寺，在他看见墙上的那半首诗后，就来了兴致，便提笔在后面补上了两句。常建的目的也就达到了。他用自己不是很好的诗，换来了赵嘏的精彩的诗。遗憾的是，这二人合作的一首诗已无从查考。

后来人们说，常建的这个办法，真可谓"抛砖引玉"了。

这个成语的意思是说，先把自己的不是很好的观点或文章介绍给大家，目的是为了引出别人的高论或佳作。是一个表示自谦的说法。

经典案例

汉高祖被围白登山

西汉，汉高祖年间，北方匈奴的头领冒顿单于企图扩大势力，占领汉家地盘。公元前 200 年冬，冒顿单于带领了 40 万人马，占领了马邑，又继续向前进攻，包围了晋阳。汉高祖十分紧张，亲自赶往晋阳和匈奴对峙。当时正值严冬，天空下着大雪，气候特别冷。中原的兵士从来没有碰到过这么冷的天气，十分不适应，不少人手脚都被冻坏了，甚至有的人竟冻掉了手指头。但是，汉朝的军队和匈奴兵一接触，匈奴兵就败走。一连打赢了几阵。后来，听说冒顿单于又逃到代谷（今山西省代县西北）去了。

　　汉高祖进了晋阳，派出兵士去侦察，回来的人都说冒顿的部下全是一些老弱残兵，连他们的马都是瘦的。如果趁势打过去，准能打胜仗。汉高祖还怕这些兵士的侦察不可靠，又派刘敬到匈奴营地去刺探。刘敬回来说："他看到匈奴人马的确都是些老弱残兵，但我认为冒顿一定是把精兵埋伏了起来，陛下千万不能上这个当。"

　　汉高祖大怒，说："你胆敢胡说八道，想阻拦我进军！"说着，就把刘敬关押起来。汉高祖率领一队人马刚到平城，突然四下里拥出无数匈奴兵来，个个人强马壮，原来的老弱残兵全不见了。汉高祖拼命杀出一条血路，才退到平城东面的白登山。冒顿单于派出 40 万精兵，把汉高祖围困在白登山。周围的汉军没法救援，汉高祖连同一部分人马在白登山，整整被围了 7 天，没法脱身。这时才顿悟自己的失察，没有识破敌人的"抛砖引玉"计，错关了刘敬。

　　高祖身边的谋士陈平打发了一个使者带着黄金、珠宝去见冒顿的关氏（匈奴的王后），请她在单于面前说些好话，关氏一见这么多的礼物，心里挺高兴。当天晚上，关氏对冒顿说："我们占领了汉朝地方，没法长期住下来，再说，汉朝皇帝也有人会来救他。咱们不如早点撤兵回去吧！"冒顿听了关氏的话，答应第二天清早下令撤出一条路，放汉兵出去。第二天清早，空中笼罩着浓雾，匈奴兵果然撤出一条路，陈平急命弓箭手朝着左右两边拉满了弓，保护汉高祖悄悄地逃出白登山。

墨子说服鲁班，平息战争

春秋时期，鲁国有一位手艺很高的木匠，名叫公输班，又因生在鲁国，人们又叫他鲁班。传说鲁班功夫了不得，在对木头的应用上达到了前无古人的高度。

鲁班的技艺被楚国国王得知，并邀请他访问了楚国，之后为楚王制造了攻城器械——云梯。有了云梯之后，士兵们攻城将会易如反掌，楚王准备扛着云梯去进攻宋国。

当然宋国也是个人才辈出的地方，当时就有一位能人异士，名叫墨子。墨子是平民出身，属于小工业者，他自称是"鄙人"，被人们称为"布衣之士"和"贱人"。因为开办了大学，写了几本书，所以又被人们称为政治家和思想家。墨子很反对打仗，听说楚国要攻打宋国，于是动身前往楚国劝说楚王放弃进攻计划。

在楚国，墨子见到了鲁班，就对他说："北方有个人污辱我，说'近墨者黑'，我请你帮助我把他给杀掉。"

鲁班听他这么说，很生气地瞟了他一眼。墨子又说："如果你去把那个人杀了，我现在就送给你十斤黄金。"

鲁班道："我是一个守法的手工业者，一个重仁义的人，我怎么能去杀人呢？"

墨子乘机追问："说得好，可是你为楚王制造云梯，要去进攻宋国。宋国人民招你惹你了？你要去攻打人家，这算是仁义吗？"

鲁班被墨子说服了，墨子又去劝说楚王。楚王听了墨子一番有关仁义道德的话之后，觉得很有道理，就回答他说："你讲的是很对，可是鲁班既然制造了这么好使的云梯，我就应该去试验一下。"

墨子道："不用去试验了，你有攻城的武器，我有守城的办法，我们在这里就可以试验了。"墨子将他的腰带解下来围成了一个四方形，当作城墙，让鲁班用云梯来攻城。墨子先后用石头、刀、箭等物九次挡回了鲁班的进攻。此时，鲁班已经没有再进攻的方法了。

没有攻下墨子的腰带，鲁班便说："我知道有办法战胜你，但是我现在不能说。"

墨子随即笑道："我知道你想到的是什么办法，但是我现在也不能说。嘻嘻……"

楚王听了他们两个的对话，满头雾水地看着他们说："你们是在玩弄我吗？"

墨子对楚王说："鲁班的意思是把我杀掉，宋国就没有人能守城了。其实我还有弟子 300 多人，他们都已经学到了我守城的本领，知道在各种情况之下守城的方法和技巧。"

楚王听了墨子的话，对墨子十分敬佩，对墨子说："好吧，那暂时我就先不去攻打宋国了。"

墨子用"抛砖引玉"的方法，说服了鲁班，继而又通过劝说、恐吓等方式说服了楚王。终于避免了楚国和宋国之间的一场战争。

契丹胜唐军

公元 690 年，契丹攻占营州。武则天派曹仁师、张玄遇、李多祚、麻仁节四员大将西征，想夺回营州，平定契丹。

契丹先锋孙万荣熟读兵书，颇有智谋。他想到唐军声势浩大，正面交锋与已不利。他首先在营州制造缺粮的现象，并故意让被俘的唐军逃跑。唐军统帅曹仁师见一路上逃回的唐兵面黄肌瘦，并从他们那里得知营州严重缺粮，营州城内契丹将士军心不稳。曹仁师心中大喜，认为契丹不堪一击，攻占营州指日可待。唐军先头部队张玄遇和麻仁节部，想夺头功，向营州火速前进。一路上，仍见到营州逃出的契丹老弱士卒，他们自称营州严重缺粮，士兵纷纷逃跑，并表示愿意归降唐军。张、麻二将列加相信营州缺粮、契丹军心不稳了。他们率部日夜兼程，赶到西硖石谷。只见道路狭窄，两边悬崖绝壁。按照用兵之法，这里正是设埋伏的险地。可是，张、麻二人误以为契丹士卒早已饿得不堪一击了，加上夺取头功的心情驱使，下令部队继续前进。唐军络绎不绝，进入谷中，艰难行进。黄昏时分，只听一声炮响，绝壁之上，箭如雨下，唐军人马践踏，死伤无数。孙万荣亲自率领人马从四面八方进击唐军。唐军进退不得，前有伏兵，后有骑兵截杀，不战自乱。张、麻二人被契丹军生擒。孙万荣利用搜出的将印，立即写信报告曹仁师，慌报已经攻克营州，要曹仁师迅速到营州处理契丹头人。曹仁师早就轻视契丹，接信后，深信不疑，马上率部奔往营州。大部队急速前进，准备穿过峡谷，赶往营州。不用说，这支目无敌情的部队重蹈覆辙，在西峡石谷，遇到契丹伏兵围追堵截，全军覆没。

窦公经营有道

唐代崇贤人窦公善于经营家业，积钱盈室。他经营家业的方法只有四个字：抛砖引玉。

窦公在京城有一块空地，与大宦官的地相邻。许多人想出钱买这块空地，而大宦官也想得到它。窦公于是把这块值五六百缗的空地拱手送给大宦官，连一个钱字都没提。对此大宦官领情不尽。

不久，窦公说自己打算去江淮，希望大宦官给神策军护军（由宦官担任）写几封信。大宦官当然很乐意替他写信。窦公借这几封信招摇撞骗，总共获得 3000 缗。从此，他的家业开始殷实富裕起来。

后来，窦公在市郊买了一块积满水的洼地。他让女佣人带着蒸饼来到洼地对当地玩耍的孩子说："哪个孩子如果扔砖瓦片击中洼地的一个目标，就可以得到一个蒸饼。孩子们争相往洼地里扔砖瓦片，没过多久这块洼地就差不多填平了。接着，窦公又用土铺垫一番，在上面盖起了客店，专留过往的波斯商人住宿，每天获利一缗。

在这里，窦公先吃小亏后占大便宜。如果他舍不得把值五六百缗的空地白白送给大宦官，就无从得到3000缗的钱。若他不先舍得一些蒸饼，就不能轻松地填满洼地，盖起客店。

曹翰一画调京城

宋太宗年间，大臣曹翰因罪发配汝州。曹翰这个人很有智谋，自从到汝州后一直考虑如何重返京城，官复原职。

有一天，宋太宗派使者来汝州公干。曹翰想办法见到了使者，流着眼泪说："我的罪恶深重，到死也不能赎清，真不知如何报答皇上的不杀之恩。我现在这里悔过，有朝一日誓死报答皇上。只是我在这里伏罪，家里人断了生计，缺衣少食。我这里有一幅画，请您带回京城交给我的家里人，让他们卖掉此画暂且糊口。"

使者见当年的权臣如此求他，便满口答应了，回到京城后还把此事向宋太宗作了汇报。宋太宗打开这幅画一看，是曹翰精心绘制的《下江南图》，内容是当年曹翰奉宋太祖的旨意，任先锋官攻打南唐的情景。宋太宗看到此画，马上回忆起曹翰当年立下的功勋，怜悯之心油然而生，遂下旨把曹翰召回京城。

曹翰为回京城，以一幅画作为引"玉"之"砖"，终于如愿以偿。

福特"亏本"成大业

美国萨克托门多有一个叫福特的青年，家境贫穷，从小就给别人帮工。25 岁时，他决定开创自己的事业。当时，由于他多年省吃俭用，积蓄了少许钱，但靠这点钱办企业，还差得远呢！但是他对自己多年做工获得的社会经验，和自己想出来的绝招深有信心。

他确信，一个家庭日用品的采购者往往是主妇，所以他看准了妇女这个广大的市场。他在一家一流的妇女杂志上刊登了"一美元商品"的广告，这些商品都是出名的大厂商制造的实用而质优的小商品。其中的 20% 的进货价都不超过一美元，此外 60% 的进货价刚好一美元。所有这些商品福特的卖价都是一美元，只是要求预付货款。广告一登出，订货单如雪片一样飞来，大批预付款也随之而来。福特因此有了必要的资本，于是他用这些钱进货然后邮寄给订户。这样做虽然几乎不用本钱，而且营业额也大。但是营业额越大，亏损不就越大吗？难道福特是傻瓜？当然不！福特的每一个订户收到预订的商品时，都会同时收到一份 20 种商品的目录和商品的图解说明。这些商品同样是大厂商的产品，价格在 3 到 100 美元之间，还有一张空白汇款单。目录上附有简短的说明："如果您需要目录上的商品，请在名称上面打'√'按上面的价格填好汇款单，一起寄给我们。不用几天，您就会收到您所需要的商品。"

由于"一美元商品"的买卖，使顾客对福特的经营产生了"信任感"和"便利感"，大量的订户都向他订购目录上的商品。经营这些商品的盈利填补"一美元商品"的亏损绰绰有余。

福特的生意像滚雪球似地越做越大，一年后，FDT 通信贩卖公司正式成立。1947 年，这家没有商品的公司，销售额竟高达 5000 万美元之多。

福特抛出"一美元商品"的"砖"，引来的是顾客对其产生的"信任感"和"便利感"，虽然不是钱，但却是经商的无价之宝。正是"信任感"和"便利感"，解除了顾客的戒备心理，使他们产生新的购买欲望。这不正是"抛砖引玉"引用之极致吗？

赌场公开招赌客

美国的拉斯维加斯是闻名于世的赌城，每年来这里赌博的人络绎不绝。由于拉斯维加斯赌场林立，竞争十分激烈。

为了招来更多的赌客，一家赌场公开宣布为每一个进赌场赌博的人提供 10 万美元的赌金，以此引诱人们来赌场赌博。

一般人都贪小便宜，见赌场主动送给 10 美元，当然趋之若鹜。输掉这 10 万美元，赌客们毫不在意，因为钱本来不是自己的。这 10 万美元全输光时，赌客们又急于捞回来，于是接着再赌，结果越赌越输。这样，这家赌场财源广进。

这家赌场"以小易大"的策略，白白赠送 10 万美元无疑具有很大的吸引力，但这只是抛出的"砖"，最终为赌场引来无数的"玉"，即大批赌客在这家赌场输掉的钱。

智慧解读

抛砖引玉之计，"抛砖"是手段，"引玉"是目的。"抛砖"贵在所抛之"砖"要像"玉"，是一种形于敌的伪装；"引玉"关键在于所"引"之"玉"确实是比"砖"的价值要高的"玉"。

用相似的东西去迷惑对方，使其作出错误的判断，以假为真，然后再图消灭。这就是抛砖引玉之计的要害所在。

第十八计　擒贼擒王

原文

摧其坚，夺其魁[1]，以解[2]其体。龙战于野，其道穷也[3]。

注释

（1）夺：抢夺、抓获。魁：第一、大，此处指首领、主帅。

（2）解：瓦解。

（3）龙战于野，其道穷也：贼王被擒，群贼无首，其战必败。

译文

击溃敌人的主力，抓获其首领，便可瓦解其全军。好比群龙无首，战于郊野，必然陷于穷途末路。

按语

攻胜，则利不胜取。取小遗大，卒之利、将之累、帅之害、攻之亏也。全胜而不摧坚擒王，是纵虎归山也。擒王之法，不可图辨旌旗，而当察其阵中之首动。昔张巡与尹子奇战[1]，直冲敌营，至子奇麾下[2]，营中大乱，斩贼将五十余人，杀士卒五千余人。巡欲射子奇而不识，剡蒿为矢，中者喜，谓巡矢尽，走白子奇，乃得其状，使霁云射之，中其左目，几获之，子奇乃收军退还。

注释

（1）尹子奇：安禄山部将。
（2）麾：古代用以指挥军队的旗帜。

按语之译文

　　真正的胜利，其利益是取之不尽的。如果满足于小的、局部的胜利，从而丧失了获取大的、全局胜利的战机，这样即便减少了士兵的伤亡，也可能成为将军的累赘、统帅的祸害，使全局的胜利毁于一旦。全局胜利已定而不彻底摧毁敌人的主力，不擒获敌人的首领，这无异于放虎归山；擒获敌人首领的方法，不可仅仅从旗帜上加以辨别，而应当仔细观察敌人阵营中何处为指挥、调动阵营之处。唐朝张巡同尹子奇作战，挥师直冲到尹子奇的帅旗之下，尹子奇营中大乱，张巡将士斩尹子奇部将五十余人，杀士卒五千余人。张巡想射杀尹子奇，却不识尹子奇面容，于是，便命将士削秸杆做箭用。中箭的人反而十分高兴，认为张巡的箭已经用完，跑着去向尹子奇报告，张巡因此辨出了尹子奇的相貌，立即命霁云射箭，射中尹子奇的左眼，险些生擒尹子奇，尹子奇被迫收军而退。

典故

唐朝安史之乱时，安禄山气焰嚣张，连连大捷，安禄山之子安庆绪派勇将尹子奇率十万劲旅进攻睢阳。御史中丞张巡驻守睢阳，见敌军来势汹汹，决定据城固守。敌兵二十余次攻城，均被击退。尹子奇见士兵已经疲惫，只得鸣金收兵。晚上，敌兵刚刚准备休息，忽听城头战鼓隆隆，喊声震天。尹子奇急令部队准备与冲出城来的唐军激战。而张巡"只打雷不下雨"，不时擂鼓，像要杀出城来，可是一直紧闭城门，没有出战。尹子奇的部队被折腾了一整夜，没有得到休息，将士们疲乏已极，眼睛都睁不开，倒在地上就呼呼大睡。这时，城中一声炮响，突然之间，张巡率领守兵冲杀出来，敌兵从梦中惊醒，惊慌失措，乱作一团。张巡一鼓作气，接连斩杀五十余名敌将，五千余名士兵，敌军大乱。张巡急令部队擒拿敌军首领尹子奇，部队一直冲到敌军帅旗之下。张巡从未见过尹子奇，根本不认识，现在他又混在乱军之中，更加难以辨认。张巡心生一计，让士兵用秸秆削尖作箭，射向敌军。敌军中不少人中箭，他们以为这下玩了，没有命了。但是发现，自己中的是秸秆箭，心中大喜，以为张巡军中已没有箭了。他们争先恐后向尹子奇报告这个好消息。张巡见状，立刻辨认出了敌军首领尹子奇，急令神箭手、部将南霁云向尹子奇放箭。正中尹于奇左眼，这回可是真箭，只见尹子奇鲜血淋漓，仓皇逃命。敌军一片混乱，大败而逃。

张巡用计策先把敌兵首领尹子奇擒住了，结果敌军大乱，轻而易举地便击退了攻城的敌兵。

经典案例

也先诱敌俘英宗

明宣德十年（公元1435年），宣宗皇帝去世，他9岁的儿子朱祁镇继承了皇位，这就是明英宗。在明英宗统治期间，明朝历史上出现了第一个专权的宦官王振。王振是山西蔚州（今山西省蔚县）人，年轻的时候读过一些书，曾经参加过几次科举考试，但都落榜。后来皇宫里招太监，他就自愿进宫做了太监。因为他略通一些文字，宣宗就派他去教太子朱祁镇读书。朱祁镇非常敬重他，称他为"先生"。朱祁镇当皇帝之后，王振的权力迅速膨胀了起来。王振当上了主管太监的司礼监，他经常帮助英宗批阅奏章，逐渐掌握了军政大权。朝廷的官员都非常惧怕他，如果谁得罪了他，重则杀头，轻则贬官。一些无耻的官员为了升官发财，就不顾廉耻地去攀附王振。当时的工部侍郎王佑一心想升官发财，就自愿给王振做干儿子。

自永乐末年以来，我国北方蒙古族的瓦剌部逐渐强大起来。他们每年都向明朝进贡大量的马匹，明朝必须给他们大量的赏赐，这实际上就变成了双方的一种交易。按照原来的规定，瓦剌每年到明朝的贡使不得超过50人，但在正统十四年（公元1449年），他们派来了2000人，还谎称3000人，要求明朝赐给更多的赏物。王振发现他们虚报人数，就让礼部按实际人数打赏，并且削减马价的五分之四。这一来可就激怒了瓦剌的首领也先，他派出大批军队攻打山西大同。王振本来不懂得打仗，但他却梦想捞取军功，就三番五次地鼓动英宗亲征，英宗听信了王振的话，就发出了亲征的命令。正统十四年（公元1449年）七月十六日，英宗带着100多名官员率领

50万大军，从北京向大同进发。这时正是北方的多雨季节，几天来连降大雨，道路非常难走。由于大军出发得非常仓促，军粮都没有带够，一路上饿死了不少士兵。也先得知英宗亲征，而且明军军纪涣散、军粮不足，不由得心中暗喜。他指挥军队假装战败，引诱明军深入。

这一天，英宗率领疲惫不堪的军队到达大同。王振认为瓦剌军队人员少，肯定不是明军的对手，就命令军队继续北进。也先利用"两山夹一道"的有利地形，设下了埋伏。等到明军一到，也先率领瓦剌军队从两面的山坡上冲下来，大败明军。英宗和王振率众退到了土木堡。土木堡离怀来城没有多远，大臣们劝英宗趁着天亮赶快进城。但王振执意不肯，因为装运他的财物的几十辆大车还没有赶到。王振命令军队在土木堡驻扎下来。也先率瓦剌军追杀过来，把土木堡围了个水泄不通。土木堡四周水源稀少，仅有的几条河流都被瓦剌军占领了。这一带地势又高，士兵们挖了两丈多深还没有见到水的影子。士兵们已经两天没有喝水了，一个个都疲惫地倒在了地上。此时，英宗想跑也跑不掉了。就这样一连过了三天，到了第四天，也先突然派人前去讲和。英宗不知是计，急忙传令军队移营取水。士兵们争先恐后地跳出了壕沟，乱作一团。这时，也先突然率军从四方冲杀了过来，明军士兵争先逃窜。英宗皇帝做了瓦剌的俘虏。这一仗，明朝从征的100多个官员全部战死，军队损失了几十万。

昆阳大捷

公元23年，王莽的数10万大军包围了昆阳。刘秀奉命突围出城，到各地召集援军。当刘秀率援军返回昆阳时，王莽的大军已将昆阳围得水泄不通。

刘秀带来的援军数量不多，即使再加上守城的部队，与庞大的王莽军相比，也是处于劣势。如果盲目地与王莽军作战，等于飞蛾投火，自取灭亡。经反复考虑，刘秀制订出擒贼擒王的作战方案：从援军中抽调精壮将士组成敢死队，首先进攻莽军的统帅部，接着大队人马紧随其后，捣毁敌人的指挥中枢，使敌人陷入混乱，然后通知守城部队出击配合，造成内外夹攻的有利局面。

攻击敌人的时刻到来了。刘秀亲率 3000 名勇猛强壮的敢死队从昆阳城东迂回到城西，来到莽军中营的附近，出其不意地发动猛攻。莽军统帅王邑、王寻被这突如其来的打击弄蒙了，一时搞不清这支部队的来意，命令各营不许擅自行动。王邑、王寻带领 1 万人马前来迎战，以为用这些人马足以应付刘秀了。岂料刘秀手下的敢死队像狂风一样扑了过来，刀劈枪挑，勇不可挡。莽军的其他部队因没有接到出击的命令，只好眼睁睁地见刘秀的敢死队和后援部队把中营打得稀里哗啦。在混战中，王寻被杀，王邑逃跑。莽军因失去了统帅顿时乱成一团。

这时，坚守昆阳的守军看到援军旗开得胜，倍增信心，立即打开城门，呐喊着冲了出来，配合援军夹攻莽军。莽军见势不妙，仓皇向江边逃窜。在抢渡过江时，恰遇河水暴涨，淹死者不计其数。王邑只带几千残兵败将丧魂落魄地逃回了洛阳。

泰王智斩王储

1569 年，泰国被缅甸灭亡。15 年后，已长大成人的泰国王子在肯城自立为泰王。缅王闻讯，派王储率兵讨伐。

泰王召集军事会议，说出了自己的想法：缅甸王储是缅甸国的王位继承人。缅王派他亲自带兵，是要让他在群臣面前树立威信，以便日后接替王位。我们来个擒贼先擒王，设法生擒王储作为人质，逼缅军退兵。大家点头表示同意。

泰王在缅甸王储必经的路上设下埋伏。当缅军进入伏击圈时，泰军的伏兵四起，缅军的阵脚大乱。不料泰王所骑的大象正值发情期，见缅军大象四处奔逃，立即追赶。等到尘埃落定之后，泰王发现自己孤入敌阵，缅甸王储率众正立于一棵大树下。泰王心想：这下坏了，擒人不成，倒要反被人擒。情急之下，泰王异常冷静。他高声对缅甸王储说："皇兄为何待在树下乘凉，莫不是怕我吧？敢与我一对一决个雌雄吗？"缅甸王储本可以命手下人蜂拥而上杀掉或生擒泰王，但他十分顾及王储的身份，还是亲自应战了。缅甸王储催动坐象向泰王冲来，泰王的坐象行动稍缓一步，被缅甸王储一刀砍掉了头盔。泰王坐象又身一反撞，正好使缅甸王储的坐象横对着他。泰王举刀猛砍，正中缅甸的王储右肩。缅甸王储当即血流如柱，倒在了象脖子上。缅军见主帅被杀，无心恋战，急忙退兵。

王储被泰王斩杀，缅甸王后悔莫及。此后150年内缅甸再也没有侵犯泰国。

设法蒙住对方"眼"

摧其坚，关键在于夺其魁。在商战中，设法蒙住对方的"眼"，即抓住关键人物，才能取得全面的胜利。

1871年，美国大资本家古尔德几乎收购了除国库以外的全部黄金，基本上控制了金价。但是，当时国库里还存有黄金，一旦抛售，势必影响金价。古尔德认为，要发一笔大财，必须设法控制国库，控制国库必须蒙住格兰特总统的"眼"。

古尔德了解到，格兰特总统有一妹妹嫁给了柯尔平上校，而柯尔平并不富裕。古尔德找到柯尔平，几句甜言蜜语，再让给柯尔平一笔丰厚的利润，两人便达成密约：柯尔平认购古尔德200万美元的黄金股，只要黄金价格上涨，柯尔平就可以拿到涨价费，若下跌，也要相应的赔钱。为了防止金价下跌，柯尔平用不着古尔德示意，主动通过妻子，劝说总统不要抛售国库的黄金。柯尔平也从中赚了一笔钱。

但是，由于黄金价格一涨再涨，引起了全国的愤怒。总统决定抛售黄金，柯尔平等劝说无效，但他及时把这一消息告诉了古尔德：古尔德一天之内把黄金全部抛出，净赚了 2000 万美元。

智慧解读

"擒贼擒王"是指作战要先抓主要敌手，比喻做事要抓住要害。此计认为攻打敌军主力，捉住敌人首领，这样就能瓦解敌人的整体力量。敌军一旦失去指挥，就会不战而溃。挽弓当自强，用箭当用长，射人先射马，擒贼先擒王。作战时要先把敌方的主力摧毁，先俘虏其领导人，就可以瓦解敌人的战力。

解读 三十六计

下

丁宥允◎著

中国出版集团
现代出版社

图书在版编目（CIP）数据

解读《三十六计》（下）／丁宥允编著. —北京：现代
出版社，2014.1
ISBN 978-7-5143-2151-7

Ⅰ．①解…　Ⅱ．①丁…　Ⅲ．①兵法 – 中国 – 古代 – 青年读物
②兵法 – 中国 – 古代 – 少年读物　Ⅳ．①E892.2 – 49

中国版本图书馆 CIP 数据核字（2014）第 008542 号

作　　者	丁宥允	
责任编辑	王敬一	
出版发行	现代出版社	
通讯地址	北京市安定门外安华里 504 号	
邮政编码	100011	
电　　话	010 – 64267325 64245264（传真）	
网　　址	www.1980xd.com	
电子邮箱	xiandai@cnpitc.com.cn	
印　　刷	唐山富达印务有限公司	
开　　本	710mm × 1000mm　1/16	
印　　张	16	
版　　次	2014 年 1 月第 1 版　2023 年 5 月第 3 次印刷	
书　　号	ISBN 978-7-5143-2151-7	
定　　价	76.00 元（上下册）	

目　录

第四套　混战计

第五套　并战计

第六套　败战计

第四套　混战计

混战计，是三十六计中的第四套计，共有六计：釜底抽薪、浑水摸鱼、金蝉脱壳、关门捉贼、远交近攻、假道伐虢。

混战计是专门应付战争中的混乱局势的。动为阳，静为阴；乱为阳，治为阴。所以镇静和秩序，是乱中取胜的诀窍。

第十九计　釜底抽薪

原文

不敌其力[1]，而消其势[2]，兑下乾上之象[3]。

注释

（1）敌：对抗，攻击。力：强力、锋芒。

（2）消：削弱、消减。势：气势。

（3）兑下乾上之象：兑下乾上为《易经》六十四卦中的履卦。兑为泽，为阴柔之象；乾为天，为阳刚之象。整个卦象为阴胜阳、柔克刚。此处借用此卦，意在说明，遇到强敌，不要去与之硬碰，而要用阴柔的方法去消灭刚猛之气，然后设法制服他。

译文

不要迎着敌人的猛劲去与之硬拼，而要设法削弱敌方的气势，采取以柔克刚的策略制服他。

按语

水沸者，力也，火之力也，阳中之阳也，锐不可当；薪者，火之魄也，即力之势也，阳中之阴也，近而无害；故力不可当而势犹可消。尉缭子曰[1]："气实则斗，气夺则走。"而夺气之法，则在攻心，昔吴汉为大司马[2]，有寇夜攻汉营，军中惊扰，汉坚卧不动，军中闻汉不动，有倾乃定。乃选精兵反击，大破之。此即不直当其力而扑消其势也。宋薛长儒为汉、湖、滑三州通判，驻汉州。州兵数百叛，开营门，谋杀知州、兵马监押，烧营以为乱。有来告者，知州、监押皆不敢出。长儒挺身徒步，自坏垣入其营中，以福祸语乱卒曰："汝辈皆有父母妻子，何故作此？

叛者立于左，胁从者立于右！"于是，不与谋者数百人皆趋立于右，独主谋者十三人突门而出，散于诸村野，寻捕获。时谓非长儒，则一城涂炭矣！此即攻心夺气之用也。或曰：敌与敌对，捣强敌之虚，以败其将成之功也。

注释

（1）尉缭子：战国中期军事家。曾向魏惠王讲论用兵之策。《汉书·艺文志》有《尉缭》三十一篇，今存二十四篇。

（2）吴汉：东汉大臣。南阳宛县（今河南南阳）人，字子颜。新莽末年，亡命渔阳，以贩马为生。后归刘秀，为偏将军，助刘秀灭王朗的割据势力，并镇压铜马、重连等农民起义军。官至大司马，封广平侯。

按语之译文

水之所以会沸腾，靠的是一种力量，这力量便是火的力量，烈火中的沸水，是阳中之阳，所以刚劲猛烈、锐不可当。而柴草，则是火的魂魄，是控制火力的主宰，柴草之于烈火和沸水，是阳中之阴，靠近它不会受到伤害，烈火和沸水，其凶猛的力量虽然不能直接阻挡，但可以通过适当的方法削弱它的气势。尉缭子曾经说过："士气高涨就投入战斗，士气低沉则避而不战。"而削弱、瓦解敌人士气的方法，主要在于从心理上进攻。东汉初年，吴汉做大司马时，一天夜里，军营遭到敌人的突然袭击，顿时一片惊慌和混乱，而吴汉却稳稳地躺在床上，泰然如常、军中听说吴汉稳如泰山，不为所动，便很快安定下来。随之，吴汉选精兵进行反击，大败夜袭的敌人：这就是不直接同敌人接战，而去削弱敌人气势的一个战例。宋朝，薛长儒做汉州、湖州、滑州三州通判时，驻军汉州（今四川广汉）、数百名州兵发起叛乱，他们打开营门，图谋杀知州和兵马监押，并焚烧营寨，制造混乱。有人急忙向知州和兵马监押报告叛乱之事，二人却都被兵变吓破了胆，不敢出门。这时，薛长儒挺身而出，徒步越过已被焚坏的垣墙，进入军营。向叛乱的士兵宣讲祸福利害的道理，说："你们都有父母妻子，为什么做出这种不顾利害的事情？现在叛乱的主谋者站在左边，胁从的人站在右边！"于是没有参与谋划叛乱的数百人站在了右边；只有主谋叛乱的十三人慌忙夺门而出，逃亡乡间躲藏，不久全被捕获。当时，人们都认为，如果没有薛长儒，全城的人都要罹祸受害了。薛长儒运用的正是从心理上进攻对手，从而瓦解对手士气的方法。还有人认为：当敌人之间相互争斗时，我就应乘机直捣较强一方敌人的薄弱环节，使它即将取得的成功于破产。这也是釜底抽薪之计。

典故

东汉末年，军阀混战，河北袁绍乘势崛起。公元 199 年，袁绍率领十万大军攻打许昌。当时，曹操据守官渡（今河南中牟北），兵力只有 2 万多人。两军离河对峙。袁绍仗着人马众多，派兵攻打白马。曹操表面上放弃白马，命令主力开向延津渡口，摆开渡河架势。袁绍怕后方受敌，迅速率主力西进，阻挡曹军渡河。谁知曹操虚晃一枪之后，突派精锐回袭白马，斩杀颜良，初战告捷。

由于两军相持了很长时间，双方粮草供给成了关键。袁绍仗势从河北调集了 1 万多车粮草，屯集在大本营以北 40 里的乌巢，因为他不把小小的曹操放在眼里，于是没有安派重兵。曹操探听乌巢并无重兵防守，决定偷袭乌巢，断其供应。他亲自率 5000 精兵打着袁绍的旗号，衔枚疾走，夜袭乌巢，乌巢袁军还没有弄清真相，曹军已经包围了粮仓。一把大火点燃，顿时浓烟四起。曹军乘势消灭了守粮袁军，袁军的一万车粮草，顿时化为灰烬，袁绍大军闻讯，惊恐万状，供应断绝，军心浮动，袁绍一时没了主意。曹操此时，发动全线进攻，袁军士兵已丧失战斗力，10万大军四散溃逃。袁军大败，袁绍带领八百亲兵，艰难地杀出重围，回到河北，从此一蹶不振。

这就是著名的官渡之战，曹操没有作无谓的正面攻击，而是运用"釜底抽薪"的计策，从敌人的幕后下功夫，烧毁了袁军军粮，断了袁军的后路，使得袁军大败。

经典案例

汉将灭吴，平息叛乱

公元前154年，吴王刘濞野心勃勃，他串通楚汉等七个诸侯国，联合发兵叛乱。他们首先攻打忠于汉朝的梁国。这时，梁国派人向朝廷求援，说刘濞率领大军攻打梁国，梁国损失了数万人马，已经抵挡不住了，请朝廷急速发兵救援。汉景帝派周亚夫率30万大军平叛的同时也命令周亚夫发兵去解梁国之危。周亚夫说，刘濞率领的吴楚大军，素来强悍，如今士气正旺，与之正面交锋，一时恐怕损兵折将，难有胜算。汉景帝问周亚夫准备用什么计谋击退敌军。周亚夫说，敌军出兵征讨，粮草供应特别困难，如能断其粮道，敌军定会不战自退。

荥阳是扼守东西两路的要塞，必须抢先控制住它。周亚夫派重兵控制荥阳后，分两路袭击敌军后方：派一支部队袭击吴、楚供应线，断其粮道；自己亲自率领大军袭击敌军后方重镇昌邑。周亚夫占据昌邑，下令加固营寨，准备坚守。刘濞闻报后大惊，想不到周亚夫根本不与自己正面交锋，却迅速抄了自己的后路。他立即下令部队迅速向昌邑前进，准备攻下昌邑，打通粮道。刘濞数十万大军气势汹汹，扑向昌邑。周亚夫避其锋芒，拒不出战。敌军数次攻城，都被城上的乱箭射回。刘濞无计可施，数十万大军驻扎城外，粮草已经断绝。双方对峙了几天，周亚夫见敌军已经数天饥饿，士气低落，毫无战斗力。他见时机已到，就调集部队，突然发起猛攻。已经筋疲力尽的叛军不战自乱。叛军大败，刘濞落荒而逃，途经东越被杀。

久原揣计牟暴利

日本的久原崛起于第二次世界大战经济不景气的时候，是一个以"釜底抽薪"的计谋夺取别人公司，以扩大自己公司的企业家。第一次世界大战期间，久原抓住了战争时期船只需求量过多的时机，成立了日本轮船公司；为了更好地维持公司的地位，他决定不惜一切手段兼并当时不景气的大阪铁工厂。

大阪铁工厂是范多龙太郎经营的日本三大造船所之一，大战前开始蓬勃发展，战争期间，为挽救经济不景气的状况，为筹措资金而发行了大量股票。久原抓住这个有利的时机，购买了这个工厂的大量股票，接着，又用很低的价格强行收买其他买者的股票，而以本公司的股票代替现金，付给卖主，然后，制造股票暴跌，再以低价买回股票，等股票回升，他就获得了双倍的暴利。范多虽然对久原的做法有所警惕，但由于力不从心，大阪铁工厂终于还是被久原架空了。在这期间，范多的大阪商船系列公司的经营者陆续被撤换，由久原的亲信来继承。大阪铁工厂几乎成了由久原经营的下属公司。

在第二次世界大战期间，久原的日本轮船公司以1吨50元的价钱，向大阪铁工厂订购轮船16艘，重达800吨，然后以每吨105元的高价卖出，牟取了暴利，接着，久原又以同样的办法，霸取架空其他公司，将其他公司的股票牢握在手，然后将这些公司的中坚骨干经营者全部挖走，换上自己的亲信、这些公司的首脑当然非常愤怒，纷纷骂他是"极恶非道"之徒。然而久原根本不理会这些指责，只要能挖到人才，使自己的贸易公司迅速发展，那才是他的目的所在。"釜底抽薪"这一计谋指出："力量对比弱于敌人的时候，不宜直接以力相抗，而应削弱它的气势，使用以柔克刚的办法来制服它。"久原正是用以购买股票的方式，逐渐削弱对手势力，然后调走对手中的骨干力量，使对手架空，达到了其聚财的目的。

宰相卖绸稳市场

宋仁宗至和年间，国家财政紧张，几种钱币同时流通，国家难以控制市场。于是，便有大臣上疏仁宗，请求统一钱币，特别是要罢掉陕西铁钱，由国家统一铸币流通。仁宗接到奏疏，交大臣们议论。大多数人觉得罢掉铁钱会造成市场混乱，所以并没有实行。但消息却传了出去，一时间，首先从京都汴梁（今河南开封）开始，刮起一股风："朝廷要罢掉陕西铁钱了，赶快脱手出去，晚了就一钱不值了！"

一传十，十传百，不长时间便传遍了城市乡村。那时，陕西铁钱不仅在陕西，连京都及周围一带都十分通行，存这种钱的大有人在。大家听说这辛辛苦苦挣来的血汗钱就要废了，那还了得，所以都纷纷拿铁钱到店铺中抢购货物，不管目前用不用，先抢到手再说。

店铺老板也不是傻子，他们比别人更早得到了消息，因此纷纷挂出牌子：不收陕西铁钱。这家不收，那么就到那家吧！可百姓们串了几家店铺，走了几个集镇，到处都一样。这下大家更急得不得了，有火暴性子的人竟到店铺中强行买货，吓得店铺竞相关门。一时间，市场大乱，人心浮动，危及治安。

消息马上反馈到朝廷，仁宗大为恼火，一边追查是谁传出的消息，一边责令宰相文彦博迅速处理此事，平定市场，安定民心。文彦博召集大家商量，大家都说别无办法，只有让朝廷下令，辟此谣言，用行政手段平易市场。

可文彦博深深知道，市场上的事有时单靠强令是办不好的。法令出去，大家还会将信将疑。特别是平民百姓，看重的是实例，而不是一纸公文。想到这里，文彦博对大家说："这么办吧，先让我来独自经办此事。若我财力不足时，再麻烦各位。"

他回到家中，询问管家："丝绢缣帛还有多少？"管家说："还有500匹。"于是文彦博让管家找来京城中最大的绸缎铺主，托他代卖这些丝绢，并特别叮嘱：不要其他的钱，只收陕西铁钱。

店主照办，第一天简直挤破了门。别的店主都来打听为何倒行逆施收陕西铁钱，当他们得知是文丞相让代卖代收的后，都放下心来，连丞相都要铁钱，看来铁钱是决不会废止了，于是各店也收起了铁钱。

消息传扬出去，老百姓都放下心来，再没人急于脱手陕西铁钱去抢购货物了。一场市场动乱就这样让文彦博平定了下来。

克莱斯勒"爱国心"击退日本公司

1985年之前，以低价格、低油耗的日本汽车向美国市场的冲击，使得美国克莱斯勒汽车公司以千万美元计的亏损额度，丧失了大面积的市场占有，公司经营每况愈下。

日本的产品之所以能够进入美国市场，是因为日本企业是有慧眼的，他们看准了美国竞争者比较薄弱、比较自满或根本忽视其他的区域市场。在许许多多被列为目标的产业中，日本公司总是善于从中寻找为其他公司所忽略或服务不佳的市场区域，并且要在这些未受到服务的市场区域上投入他们大部分的精力，以期建立一个稳固的地位。当在这些市场区域上初步获得成功后，他们将再朝着更大一点的市场进军。这就是日本人在国际市场上参与竞争常用的战略方法。依靠这种策略日本公司大量在美国市场上抢占地盘。

美国制造商对小型汽车与机器、便于携带的收音机和电视机以及影印机都不屑一顾。日本人就抓住美国人忽略的区域市场——小型机器为目标，大量生产小型机器并打入美国市场，与哈雷、BSA、胜利等强大的竞争者，以及英国的诺顿等价格较高的大型机车抗衡。日本人将一种新颖的小型普通纸影印机打入美国影印机市场，以吸引不想购买大型影印机的小型企业，以及那些对较旧和效率极低的机器感到不满意的影印机用户，日本企业家就是采用这种销售策略，成功地打入美国市场。

面对这种情况，克莱斯勒的领导人艾柯卡带领部属，对市场作了广泛调查与分析。最终，他们了解到外国经济实力日渐强盛的趋势，在美国民众心中滋生了一种潜在的恐惧与危机感，随之而来的情绪上的逆反，并转而发展为对本国产品的喜爱。

艾柯卡决定充分利用美国民众持续高涨的"爱国情绪"，进行疯狂反扑，以夺取丢失的美国市场。

"战争"开始了，克莱斯勒公司自1985年开始，推出了"美国公民，感谢您"的系列宣传。根据该计划，任何一位自 1979 年以来买过克莱斯勒公司在美国本土制造的汽车的消费者，只要再买该公司的新车，就可获得 500 美元的折扣。结果，美国人很为这种"爱国车"所陶醉，购车者一时如潮。

1986 年，克莱斯勒又进而推出了"美国公民，再次感谢您"的系列宣传。

为强化"爱国意识"，它寄出 600 万份代用券给美国的潜在用户，每券抵 500 美元，明码实价地表明"爱国"的好处。通过这两次的"爱国宣传"攻势，克莱斯勒迅速恢复了过去丧失的市场占有率，再居全美第三汽车制造公司的地位。仅 1985 年当年，公司已经走出负债的泥潭，而且盈余 25600 万美元。

通过这件事我们看出，虽然克莱斯勒的再度崛起离不开质量的提高和新颖的设计，但另外成功的因素就是利用国民情绪的做法。随着经济全球化趋势的加快、加强，国际竞争的加剧，国民的爱国情也往往显得更加重要。

克莱斯勒与日本汽车的竞争，相比之下，日本汽车因美国市场展示爱国心处于弱势，而这点刚好被克莱斯勒紧紧扼住，在日本汽车冲击美国市场的时候，抓爱国心，这就是克莱斯勒的釜底抽薪之术。

智慧解读

"釜底抽薪"是预防事件爆发或爆发后寻求彻底整顿的一种手段，是一种治本的办法。在斗争中，釜底抽薪又是一种"兜底战术"，主要是从对方的幕后去下功夫，侧面暗算，扯其后腿，拆其后台，使它不知不觉间变成了一个泄气的皮球。不管在战场、商场或政治舞台上，此计大用大效，小用小效。

第二十计 混水摸鱼

原文

乘其阴乱⁽¹⁾，利其弱而无主。随，以向晦入宴息⁽²⁾。

注释

（1）乘其阴乱：阴，内部。意为乘敌人内部发生混乱。

（2）随，以向晦入宴息：语出《易经·随》卦。随，卦名。本卦为异卦相叠（震下兑上）。本卦上卦为兑为泽；下卦为震为雷。言雷入泽中，大地寒凝，万物蛰伏，故如象名"随"。随，顺从之意。

《随卦》的《象》辞说："泽中有雷，随，君子以向晦入宴息。"意为人要随应天时去作息，向晚就当入室休息。此计运用此象理，是说打仗时要得于抓住敌方的可乘之隙，随机行事，乱中取利。

译文

乘着敌方内部发生混乱，利用他力量虚弱且没有主见，使他顺随于我，就像《周易》随卦象辞说的：人到夜晚，必须入室休息一样。

按语

动荡之际，数力冲撞，弱者依违无主，敌蔽而不察，我随而取之。《六韬》曰[1]："三军数惊，士卒不齐，相恐以敌强，相语以不利，耳目相属，妖言不止，众口相惑，不畏法令，不重其将：此弱征也。"是鱼，混战之际，择此而取之。如刘备[2]之得荆州、取西川，皆此计也。

注释

（1）《六韬》：中国古代兵书。相传为周代吕望（姜太公）所作。后人研究，疑为战国时期的作品。宋代颁为《武经七书》之一。

（2）刘备：三国时蜀汉皇帝。字玄德。涿州涿县（今河北涿县）人，幼时家境贫苦、东汉末。起兵镇压黄巾起义军，并参与军阀混战，但因没有根据地而力单势薄。得诸葛亮辅佐后实力才逐渐壮大。208 年赤壁之战后，取得荆州为立足之地。后又乘刘璋集团内部分裂，于 214 年夺取益州全部地区，建立了根据地，同魏、吴形成了三国分立的局势。

按语之译文

社会大动荡的时候，就会有多种社会力量和集团相互争锋，而总有一些相对弱小的力量观望不定，不知所归，当敌人尚未察觉这一情况、不能明断时，我就要随手把这些弱小的力量争取过来。兵书《六韬》上说："三军多次发生惊慌，士兵散漫，用敌人的强大相恐吓，相互说一些不利于自己的泄气话，窃窃私语，谣言充斥，蛊惑众人，不畏惧法令，不尊重将帅，这些都是其力量衰弱的征兆。"对于这样的鱼，在混战的局面中，便是应该乘机夺取的目标。如刘备乘势得荆州、取西川，运用的都是这一计策。

典故

东汉时，光武帝刘秀是一位很有韬略的政治家。在未登基前，曾在河北一带与王朗大战二十多日，最后攻破邯郸，杀死王朗，取得成功。当时，王朗在邯郸称王，实力雄厚。刘秀不敢正面与王朗开战，就带着少数亲信，到了蓟州。遇蓟州兵变，响应王朗，捉拿刘秀。刘秀无法，出城仓皇南逃。刘秀一行逃到饶阳，已饥疲不堪。这时，刘秀忽然灵机一动，说出了一个虎口求食的办法冒充王朗的使者哄驿站的饭吃。众人装扮一番，就以王朗的名义，大模大样地走进驿站。驿站官员信以为真，急忙备美味佳肴招待。刘秀等人好儿天没吃过一顿饱饭了，便狼吞虎咽地吃起来。他们的狼狈相引起了驿站官吏的疑心。为了辨其真假，驿站的官员故意将大鼓连敲数十下，高喊邯郸王驾到。这一喊声，非同小可，把众人惊得目瞪口呆，人人手心捏着一把汗。刘秀也惊得站起来，但很快镇定下来。他想，如果邯郸王真来了，是逃不掉的，只能见机行事。他给众人一个眼色，让大家沉住气。他自己慢慢坐下，平静地说："准备进见邯郸王。"等了好一会儿，也不见邯郸王的踪影，才知道是驿站官员搞的名堂。酒足饭饱之后，刘秀等人安然离开了驿站。刘秀此次的成功便是得力于计谋上的"混水摸鱼"和心理上高度镇静。

经典案例

张守圭平定契丹之战

唐开元年间，北方契丹叛乱，多次侵犯唐王朝边境。开元二十一年，玄宗任张守圭为河北节度副使，移驻幽州（今北京市）。契丹大将可突汗几次攻幽州，均未能得手。可突汗想探听唐军虚实，遂遣使者至幽州，假作表示重新归顺唐王朝之意。张守圭感到当时契丹气势正旺，现在却主动求和，其中必定有诈。于是将计就计，善待来使，随后派王悔代表朝廷到可突汗营中宣抚，以探听契丹内幕。王悔受到契丹热情接待。在酒宴中，王悔仔细观察契丹众头领的一举一动。他发现，在对待唐朝廷的态度上，众将领表现并不一致。从一士卒口中，王悔得知分掌兵权的李过折一向与可突汗貌合神离，互不服气。王悔便特意去拜访李过折。言谈中，王悔假装不了解李过折与可突汗之间有矛盾，当着李过折，故意大加夸奖可突汗的才干。李过折听后怒火中烧，说可突汗蓄谋反唐，使契丹陷于战乱，人民十分怨愤。并告诉王悔，契丹这次求和全系假意，可突汗已向突厥借兵，不日便要攻打幽州。王悔便向李过折分析形势，指出唐王朝国力富强，兵力强大，可突汗反唐，终必失败。并劝李过折脱离可突汗，归顺唐王朝，建功立业，必得朝廷重用。李过折果然心动，表示愿意归顺朝廷。王悔返回幽州不久，李过折乘夜率本部兵马突袭可突汗中军大帐。可突汗毫无防备，被斩于营中。可突汗部将涅礼率部与李过折激战，又杀了李过折。张守圭闻报，立即亲率军队突入契丹营，接应李过折的部队，并乘契丹军混乱之机，发动猛攻，大破契丹军，生擒涅礼，契丹叛乱遂告平息。

朱德兵不血刃取宜章

1928年元月初，朱德带领南昌起义保存下来的部队，同国民革命军滇军将领范石生部分道扬镳（此前，朱德曾率部同范石生部结成统一战线，隐蔽在范部的第16军里休整待机），经粤北转移到湘南群众基础较好的地区，准备发动湘南暴动。朱德决定首先在宜章点燃革命烽火。

当时的宜章城，敌人的守备力量比较薄弱，但是城坚难摧。朱德思量着，如果强攻，不仅会造成重大伤亡而不能速决，而且还会引来敌人援兵，使攻城更加麻烦。为确保湘南暴动第一仗的胜利，朱德召开军事民主会，广泛听取指战员的意见。

朱德挑选200名战士，穿上国民党军队的服装，打着范石生部140团的旗号，于1928年1月12日，大摇大摆地开进宜章城。先进城的部队按照朱德的指示，向各方官吏、地主、豪绅发出请帖，说是等大部队进城后要宴请他们，共同商量大事。

第二天，朱德带领大部队进入宜章城。伪县长杨孝斌率领本县有头有脸的官吏、地主、绅士20多人前来欢迎。他们看到有这么强大的正规军来保护他们，都非常高兴。随后，伪县长在县城参议会明伦堂内，举行了丰盛的接风洗尘宴会。

在宴会上，朱德问伪县长：“你们这里有没有农民运动呀？”

伪县长恭恭敬敬地答道：“有！有！怎么没有呢？从前年到现在，农民运动一直就没有断过，闹得我们真是寝食不宁呀！”

朱德点着头说：“哦，这么说你们受惊了！”

朱德问伪县长："贵县在镇压共产党和农民运动方面，哪些人的功劳最多，贡献最大？"

这些人以为要论功行赏了，于是急忙张三举李四，李四举王五，一时间，宴会室内争吵四起。这时有位老者站起来说："依我看来，在座的各位乡绅，都是有功之臣！"这么一说，大家纷纷赞成，个个笑逐颜开。

此时，随着"跑堂的"一声清脆的长叫"鱼，来啦——"，坐在首席位置上的朱德突然举杯立起："请问各位，杀了这么多老百姓，不怕有朝一日，人民找你们算账吗？"

这句话，就像晴天霹雳，一张张喝红了的醉脸，顿时吓得煞白。

朱德紧接着厉声说："好啊，今天我要劝各位喝杯酒，祝贺你们为非作歹的日子到头了。"说罢，独自一饮而尽，并将酒杯扔了出去。

随着酒杯的掷地声，从门外闪进一群手持20响快慢枪的年轻军人，将宴会团团围住。出席宴会的官宦绅士们一见这种阵势，个个吓得魂不附体。

朱德厉声宣布："我们是中国工农红军，就是来找你们算账的！"这伙官宦绅士听了，个个像泄了气的皮球，沮丧地垂下了头。

与此同时，开进宜章城的另一支工农革命军，按照朱德赴宴前的指示，已顺利地使团防局和警察局等反动武装缴械。

就这样，朱德率领的部队一枪未放就占领了宜章城。

岛村施诈术

公司间相互倾轧在市场竞争中存在着错综复杂的关系，在这种情况下，经营一方可以利用这种错综复杂的关系，乱中取胜，坐收渔翁之利。对于这一点，北国粮油贸易公司总经理张某深有感触。

1988 年，当时的北国粮油贸易公司刚刚成立，人手不多，交易额也不大。公司以经销东北生产的玉米为主要业务。由于省内外经销单位很多，所以销路不畅，效益不太好。为此，张某经理十分焦急，四处托门路，找关系，想扩大公司的市场。真是皇天不负有心人，就在张某四处找销路的时候，省经委的同志为他介绍来一位日本客户岛村一郎——一个精明强干的商人。

岛村是日本一家化工公司的业务经理，此次来华目的是为其公司订购一批公司生产所需的原材料——玉米。这也正是张某经理急需脱手的商品。

张某经理自上任以来，在经营上还未有大发展，这一次遇到一位大买主，自然不肯怠慢。招待上热情周到自不必说，还要对岛村表示合作的诚意，并表示愿意提供最优惠的条件。

对此岛村表示感谢。岛村在与张某经理交谈数次后，又看了样品表示愿意成交，问张某以何价格售出。张报价每吨 32 美元（这个价格是当时的市场价格，张并没有要高价）。

谁料岛村却一副惊讶的样子："张经理，想不到你如此地没有诚意，这么高的要价，让人怎么受得了，我看这笔买卖就不要谈了。"说罢，离席而去，把张某凉在一边。在以后几天里，岛村避而不见张某，张某捎话给岛村说价格可以商量，岛村仍予以推辞，弄得张某一头雾水，不知所措。

正在这时，张某接到大连某粮油公司的电话："请问日本岛村先生是否与你公司商谈过进口玉米的事宜。"

"是的，"张某知道这家大连的公司，却没有直接接触过。"请问，你们给的价钱是多少。""每吨 32 美元。"

"好，谢谢，我只是随便问问。"

放下电话，张某心中暗想，看来岛村是想另找合作伙伴了。不行，我一定要促成这笔交易。不由分说，张某驱车赶到岛村下榻的宾馆，表示愿意以每吨降价 1 美元，即以 31 美元/吨的价格成交。

"张经理，我这笔订货数量是很大的，你这样没有诚意，叫我怎么做呀！"岛村不屑一顾地摇头说。张某感到进退两难：31 美元/吨，低于市场价格，公司为此已经损失了一大笔利润，可岛村仍然不满意。

在随后几天里，张某又接到了来自辽宁、黑龙江的两家企业的电话，内容还是询问与岛村谈判玉米的价格。

张某心想：看来这个岛村还真厉害，狡兔三窟，这笔买卖真不好做，若就此罢休，一笔数额可观的交易就要黄了，白白浪费了这么多时间和精力。"不行，我一定要把这笔买卖做成！"他下了最后决心，不管怎样也要一吨 30 美元，这已经是价格最低点了。即以此价格成交，利润已经是微乎其微了。

但岛村狡猾地一笑道："张经理，实不相瞒，我也与黑龙江、辽宁几家公司洽谈过，他们的最低报价是 29.5 美元一吨。"张某心中一惊，暗忖：29.5 美元一吨，正是盈亏分界点的价格，也就是说这笔买卖做成既不赔本也不赚。不由地暗暗佩服岛村的精明之处。他盘算着岛村所要货的数量。

目前自己没有那么多库存，若此交易成交，再压低一点价格，购进一些，就可以有一定盈利。事已至此，张某答应了岛村的要求："好吧，以 29.5 美元一吨成交，这次你该满意了吧。"

岛村的脸上露出一丝笑意，说道："好吧，张经理，看来你还是有诚意的。虽然其他公司也是同等价格，但因我们联系较早，我决定这笔买卖和你们做，不过我要回去请示老板才能最后决定。这样吧，我马上与公司联系，待请示后，后天一早签协议。"张某如释重负般地松了一口气，这笔买卖总算做成了，虽说没有什么赚头，但毕竟在同行竞争中自己胜了。他依照岛村的提议，回去准备了。

但第三天早上，岛村并没有如约来公司签订合同，张某又来到其下榻的宾馆，宾馆服务人员讲，岛村先生昨天已退房了，不知去哪里了。张某一下子懵了。

事情过去了数月之后，张某在一次洽谈会上，结识了那家大连粮油公司的经理。谈起此事，方明白原来岛村在与张某周旋的同时，其助手正在大连粮油公司那里讨价还价。因为他知道大连那家公司有现货，为了用最低价格购进，他精心设计了与数家公司联系，借助各公司之间没有什么联系来相互压价，最后坐收渔翁之利。

张某恍然大悟，原来自己在客观上起到了帮助日本商人给同行压价的作用。日方商人也正是利用他们相互之间，信息不通的关系，来制造假象，最终从浑水中摸到了这件事，使张某永远难忘，总喜欢讲给别人听，最后总要说一句："日本人，鬼着呢。"

由上例得出：对付浑水摸鱼的最佳办法，应当首先保持机智、沉着、冷静的精神状态，不要让对方牵着你的鼻子走，对自己不熟悉的情况尤其不能掉以轻心，以防止对方钻空子。耐心和勇气常能帮助我们去对付善于搅和的人，把事情一件件弄清楚，不要让对方有浑水摸鱼的机会。

智慧解读

混水摸鱼，原意是，在混浊的水中，鱼晕头转向，乘机摸鱼，可以得到意外的好处。此计用于军事，是指当敌人混乱无主时，乘机夺取胜利的谋略。在混浊的水中，鱼儿辨不清方向，在复杂的战争中，弱小的一方经常会动摇不定，这里就有可乘之机。更多的时候，这个可乘之机不能只靠等待，而应主动去制造这种可乘之机。一方主动去把水搅浑，一切情况开始复杂起来，然后可借机行事。

第二十一计　金蝉脱壳

原文

存其形，完其势[1]；友不疑，敌不动。巽而止蛊[2]。

注释

（1）存其形，完其势：保存阵地已有的战斗形貌，进一步完备继续战斗的各种态势。

（2）巽而止蛊：语出《易经·蛊》卦。蛊，卦名。本卦为异卦相叠（巽下艮上）。本卦上卦为艮为山为刚，为阳卦；巽为风为柔，为阴势。故"蛊"的卦象是"刚上柔下"，意即高山沉静，风行于山下，事可顺当。又，艮在上卦，为静；巽为下卦，为谦逊，故说"谦虚沉静"，"弘大通泰"是天下大治之象。此计引本卦《象》辞："巽而止蛊。"其意是暗中谨慎地实行主力转移，稳住敌人；乘敌不惊疑之际，脱离险境，就可安然躲过战乱之危。"蛊"，意为顺事。

译文

保存阵地原形，造成强大的声势：使友军不怀疑，敌人也不敢贸然进犯。这是从蛊卦《辞》"巽而止蛊。"一语中悟出的进理。

按语

共友击敌，坐观其势。倘另有一敌，则须去而存势。则金蝉脱壳者，非徒走也，盖为分身之法也。故大军转动，而旌旗金鼓，俨然原阵，使敌不敢动，友不生疑，待己摧他敌而返，而友敌始知，或犹且不如。然则金蝉脱壳者，在对敌之际，而抽精锐以袭别阵也。如诸葛亮病卒于军[1]，司马懿迫焉[2]，姜维令仪反旗鸣鼓，若向懿者，懿退，于是仪结营而去。檀道济被围[3]，乃命军士悉甲，身白服，乘舆徐出外围，魏惧有伏，不敢逼，乃归。

注释

（1）诸葛亮：三国时期著名政治家、军事家，字孔明。琅邪阳都（今山东沂南）人。东汉末隐居隆中（今湖北襄阳西），潜研天下大势，被称为"卧龙"。建安十二年（207年），刘备三顾草庐，他向刘备提出占领荆、益二州，联合孙权对抗曹操等为主要内容的"隆中刘"，从此成为刘备的主要谋士，协助刘备建立蜀汉政权，并任丞相、曾五次出兵攻魏，争夺中原。建兴十二年（234年），与司马懿在渭南相拒，病死干五丈原军中，葬定军山（今陕西勉县境内）。

（2）司马懿：三国时期著名政治家和军事家。河内温县（今河南温县）人，字仲达。初为曹操主簿；精通谋略。魏明帝时任大将军，多次率军对抗诸葛亮。其孙炎代魏称帝。建立晋朝，追尊为宣帝。

（3）檀道济：南朝宋名将，高平金乡（今山东金乡）人，世居京口（今江苏镇江）。东晋末随刘裕伐后秦，后又率兵北伐魏；善用兵。宋文帝时，王室忌其兵权太重，杀之。

按语之译文

同友军联合对敌作战，须仔细观察战场的形势、倘若发现了新的敌人，就必须用保存原来的阵势作伪装悄悄撤出战场。所谓金蝉脱壳，并不是简单地逃跑，而是一种分身的方法。所以，虽然大军主力已经转移，而阵营中依然旌旗招展，鼓声震天，完好保持着原来的阵势，使敌军不敢贸然进攻，友军亦无任何怀疑，等到主力摧毁了其他的敌人而返回原来的阵营时，友军和敌军方如梦初醒，甚至于始终没有发觉我主力的运动。金蝉脱壳就是指在同一方敌军对阵时，暗中抽调主力击去袭击其他地区的敌人。例如，诸葛亮北伐时，病死军中，姜维被迫班师回蜀。魏将司马懿乘势挥军追击，姜维便命令杨仪把旌旗指向魏军，擂起战鼓，作反击之状，司马懿惟恐中计，只好退军，杨仪因此得以安全撤退。南北朝时，檀道济被敌人围困，便命将士全部披甲戴盔，自己却身看白色服装，坐在车子上，缓缓走出敌人的包围圈，魏军惟恐中了埋伏，不敢逼近，檀道济安全还军。

典故

三国时期，诸葛亮六出祁山，北伐中原，但一直未能成功，终于在第六次北伐时，积劳成疾，在五丈原病死于军中。为了不使蜀军在退回汉中的路上遭受损失，诸葛亮在临终前向姜维密授退兵之计。姜维遵照诸葛亮的吩咐，在诸葛亮死后，秘不发丧，对外严密封锁消息。他带着灵柩，秘密率部撤退。司马懿派部队跟踪追击蜀军。姜维命工匠仿诸葛亮摸样，雕了一个木人，羽扇纶巾，稳坐车中。并派杨仪率领部分人马大张旗鼓，向魏军发动进攻。魏军远望蜀军，军容整齐，旗鼓大张，又见诸葛亮稳坐车中，指挥若定，不知蜀军又耍什么花招，不敢轻举妄动。司马懿一向知道诸葛亮"诡计多端"，又怀疑此次退兵乃是诱敌之计，于是命令部队后撤，观察蜀军动向。姜维趁司马懿退兵的大好时机，马上指挥主力部队，迅速安全转移，撤回汉中。等司马懿得知诸葛亮已死，再进兵追击，为时已晚。

经典案例

晋明帝掷鞭甩追兵

东晋明帝时，大将军王敦起兵造反，顺江东下，进攻建康（今江苏南京），谋图篡夺君位，自己当皇上。消息早传到明帝司马绍那里，为了平灭叛乱，司马绍亲率大军迎敌。

两军相遇在鄱阳湖畔，扎下营寨。司马绍自恃勇力，换了一身便装，策马到王敦大营来观看虚实。守营将士见有一气宇轩昂之士在营外转悠，觉得蹊跷，忙报告主帅王敦。王敦听军士们描述了一番长相，觉得那人很可能就是明帝司马绍，忙令人备马前去捉拿。王敦看见五名军士正在骑马巡营，忙令他们先出去拦截追击那营外之人。司马绍正在观察敌营情况，见营门大开，五名军士策马向自己扑来，知道大事不好，忙打马往回奔。那五名军士见所追之人逃跑，更加来了劲头，催马急追过来。

司马绍在前面跑，五名军士在后面追，虽说还有一段距离，但司马绍怕万一马失前蹄，非被他们擒拿不可，便想法拖住他们。跑着跑着，来到一柳林边，有一老太婆在茶馆前卖水，茶馆前有几条岔路。司马绍心想，机会来了。他忙把手中马鞭子扔在老太婆跟前，然后催马拐到林子后跑了。老太婆看见一条耀眼的东西落在眼前，忙弯腰捡起，却是一条马鞭子。这马鞭子不同寻常，上面嵌满了宝石、金银、翡翠。正在细细端详，追赶的五名军士冲到老太婆面前，发现不见了目标，忙下马询问，却见老太婆在看一条名贵的马鞭子，一把夺过来观看起来。那些普通士兵哪里见过如此名贵的马鞭子，个个争相观看，早把追人这一事丢在脑后，直到王敦带人追来了，才想起自己的任务。但再打马追赶时，司马绍早已跑得临近自己的大营，追不上了。气得王敦夺过马鞭，"赏"了他们几鞭。

司马绍急中生智，用常人难以见到的稀有之物吸引追兵的注意力，终于赢得了一点宝贵时间，脱离了险境。

孙坚换帻脱险境

这个智谋故事见于《三国演义》第五回"发矫诏诸镇应曹公破关兵三英战吕布"。

　　董卓废杀少帝，擅立献帝，自己专制朝政，引起朝臣和各地豪强的共愤。初平元年（190 年），关东各州郡纷纷起兵反对董卓，共推出身世家大族的渤海太守袁绍为盟主。这时，威名素著的长沙太守孙坚也举兵参加了讨卓联盟，并被盟主袁绍任命为讨卓联军的先锋。孙坚率军在汜水关前旗开得胜，杀败董卓部将胡轸。初尝胜果后，孙坚即屯扎部队于梁东，进行休整。同时派人向袁绍报捷并向联军粮草官袁术处催粮。袁术是袁绍从弟，是一个志大才疏且嫉贤妒能之人。其部下谋士见孙坚前来催粮，便为袁术出谋划策说：“孙坚乃江东猛虎，若攻破洛阳，杀了董卓，犹如除狼而得虎。今不发粮草给他，其军必败。”这一建议正中袁术下怀，他便故意不发粮草给孙坚军。孙坚军中缺食，自然慌乱起来。细作侦知这一情况后，迅即报知汜水关董卓大将华雄。华雄便采纳了李肃的计策，决定夜袭孙坚军营。

　　当夜，月明风清，华雄与李肃兵分两路突入孙坚营中。孙坚部队措手不及，乱作一团，被杀得大败。孙坚与部将祖茂破重围，纵马而逃。华雄带领部下兵马紧追不舍。孙坚连发两箭，都被华雄躲过，再发第三箭时，因用力过猛而拽断了弓，得弃弓纵马落荒而逃。由于孙坚头上戴着赤帻（红色头巾），月光下十分醒目，很好辨认，所以他跑到哪里，华雄就带领部追到哪里。危急中，孙坚的部将祖茂为了保护孙坚，便让孙坚脱下赤帻，换上自己的头盔。而由自己戴上孙坚的赤帻。然后，二人分路而逃。华雄及其部下只瞄准戴赤帻的追赶，于是孙坚得以脱险。而祖茂为了引开追兵，拼命向前跑，见敌人快要追上，他便将赤帻挂于人家未烧尽的庭柱上，自己躲于树林中。华雄率领追兵远远望见赤帻，因畏惧孙坚英勇而不敢近前，只远远用箭乱射。射了一回，不见动静，方知是计，遂向前取下赤帻。这时，躲在附近林中的祖茂从林中冲出，挥刀欲劈华雄，结果反被剽悍的华雄一刀斩于马下。

悬羊击鼓，金蝉脱壳

宋朝开禧年间，金国兵屡犯中原。宋将毕再遇与金军对垒，打了几次胜仗。金兵又调集数万精锐骑兵，要与宋军决战。此时，宋军只有几千人马，如果与金军决战，必败无疑。毕再遇为了保存实力，准备暂时撤退。金军已经兵临城下，如果知道宋军撤退，肯定会追杀。那样，宋军损失一定惨重。毕再遇苦苦思索如何蒙蔽金兵，转移部队。这对，只听帐外，马蹄声响，毕再遇受到启发，计上心来。

他暗中作好撤退部署，当天半夜时分，下令兵士擂响战鼓，金军听见鼓响，以为宋军趁夜劫营，急忙集合部队，准备迎战。哪里知道只听见宋营战鼓隆隆，却不见一个宋兵出城。宋军连续不断地击鼓，搅得金兵整夜不得休息。金军的头领似有所悟：原来宋军采用疲兵之计，用战鼓搅得我们不得安宁。好吧，你擂你的鼓，我再也不会上你的当。宋营的鼓声连续响了两天两夜，金兵根本不予理会。到了第三天，金兵发现，宋营的鼓声逐渐微弱，金军首领断定宋军已经疲惫，就派军分几路包抄，小心翼翼靠近宋营，见宋营毫无反应。金军首领一声令下，金兵蜂踊而上，冲进宋营，这才发现宋军已经全部安全撤离了。

原来毕再遇使了"金蝉脱壳"之计。他命令兵士将数十只羊的后腿捆好绑在树上，使倒悬的羊的前腿拼命蹬踢，又在羊腿下放了几十面鼓，羊腿拼命蹬踢，鼓声隆隆不断。毕再遇用"悬羊击鼓"的计策迷惑了敌军，利用两天的时间安全转移了。

贾尼尼力挽狂澜

美国意大利银行的创建者阿马迪欧·彼得·贾尼尼在商业运作中遭受重大挫折时也曾成功地运用过"金蝉脱壳"之计。

1928 年夏天，贾尼尼回到家乡意大利米兰休养。有一天他惊愕地发现，米兰各大报纸都在头版上刊登了这样一条消息：美国的意大利银行股票出现大幅度暴跌，跌幅高达 50% 。贾尼尼大吃一惊，心急火燎地赶回加利福尼亚州的旧金山，发现儿子玛里奥憔悴不堪，显然这一事件对他打击不小，但贾尼尼已经顾不得许多，沉着脸、火气很大地质问道："股价如此暴跌，一定有人在背后捣鬼，到底是谁？"

在一旁的律师吉姆·巴西加尔赶忙代替他儿子回答道："股价暴跌是由纽约联邦储备银行引起的，他们认为意大利银行涉嫌垄断，逼我们卖掉银行 51% 的股份。"原来，意大利银行收购旧金山自由银行之后，有人怀疑贾尼尼野心勃勃，想要控制全美国的银行业，因此招来了联邦储备银行的干预。

面对这种情况，玛里奥主张卖出意大利银行的一部分资产，然后再买回公开上市的股票，从而使意大利银行由上市的公众持股公司变成不上市的内部持股公司，脱离华尔街的股票市场。这一策略不无可取之处，但难免太消极。于是贾尼尼决定，仍然保持意大利银行这个躯壳，但为了摆脱目前的困境，成立另一个股份有限公司，并将意大利银行的一部分重要资产注入这家新公司。他说："再过两年我就进入花甲之年了，而且身体也渐渐支持不住了，我要辞去意大利银行总裁的职务。"

此话一出，令在座的人都大为吃惊，玛里奥迫不及待地说："爸爸，我们焦急地盼望您回国，不是想听您说这句话，您呕心沥血一手建造起来的意大利银行，如今正处在生死攸关的紧急关头，我们需要您带领我们一起渡过这个难关！"

贾尼尼答道："我辞去意大利银行的职务后，将以私人的身份和立场，去劝说总统和财政部长，促使他们制订一条新的法令，使商业银行的全国分行网络合法化。"与此同时，贾尼尼又说："我们不仅不能让意大利银行倒下，而且还要设立一家比意大利银行还大几倍的全国性的巨型持股公司，发展出一个以原始银行业务为支柱的世界最大的商业银行。"看来，贾尼尼实际上一点也不老，他还雄心勃勃地准备大干一场呢！在场的人都暗暗佩服贾尼尼，对他的"金蝉脱壳"计策一致表示赞同。

于是，他们就到德拉瓦州注册成立了一家新公司——泛美股份有限公司，该公司的最大股东就是意大利银行，但由于它的股票分散在大量的小股东手里，因而外人很难再怀疑它有垄断的嫌疑。

经过这次危机之后，意大利银行不仅没有垮下，而且越来越发展壮大。后来，它甚至还吞并了美洲银行，并将各分行都全部改名为美国商业银行。贾尼尼担任美国商业银行这个全美第一大商业银行的总裁，成为改写美国金融历史的巨人之一。

智慧解读

一定要把假象造得有逼真的效果。转移时，依然要旗帜招展，战鼓隆隆，好像仍然保持着原来的阵势，这样可以使敌军不敢动，友军不怀疑。檀道济在被敌人围困时，竟然能带着武装士兵，自己穿着显眼的白色服装，坐在车上，不慌不忙地向外围进发。敌军见此，以为檀道济设有伏兵，不敢逼近，让檀道济安然脱离围困。檀道济此计，险中有奇，使敌人被假象迷惑，作出了错误的判断。

蝉越过漫长的冬伏期后，从地底下爬出来，通体土黄透亮，雅称"金蝉"。金蝉爬上树干或树枝，静静地歇着，开始蜕变。金壳背部裂开一条缝，新生蝉从缝里爬出，蝉翼丰满后飞走；金壳依然在枝头摇曳，不站近看，不知道新蝉已经飞走，这就是金蝉脱壳。

金蝉脱壳，用来指人，是一个比喻，指在危急关头，设法从某种境地脱身，脱身时，留下种种伪装，制造没走的假象，其时，人早已走了，因为有伪装和假象，他人还以为没有走。这实际是一种分身计，一种逃遁计。

第二十二计 关门捉贼

原文

小敌困之$^{(1)}$。剥，不利有攸往$^{(2)}$。

注释

（1）小敌困之：对弱小或者数量较少的敌人，要设法去困围（或者说歼灭）他。

（2）剥，不利有攸往：语出《易经·剥》卦。剥，卦名。本卦异卦相叠（坤下艮上），上卦为艮为山，下卦为坤为地。意即广阔无边的大地在吞没山岳，故卦名曰"剥"。"剥"，落的意思。卦辞："剥，不利有攸往"意为：当万物呈现剥落之象时，如有所往，则不利。此计引此卦辞，是说对小股敌人要即时围困消灭，而不应去急追或者远袭。

译文

对弱小的敌人，要加以包围、歼灭。（如果纵其逃去而又穷追远赶，那是很不利的。）这是从剥卦卦辞"剥，不利有攸往"一语中悟出的道理。

按语

捉贼而必关门，非恐其逸也，恐其逸而为他人所得也。且逸者不可复追，恐其诱也。贼者，奇兵[1]也，游兵[2]也，所以劳我者也。《吴子》曰[3]："今使一死贼伏于矿野，千人追之，莫不枭视狼顾。何者？

恐其暴起而害己也。是以一人投命，足惧千夫。"追贼者，贼有脱逃之机，势必死斗；若断其去路，则成擒矣。故小敌必困之，不能，则放之可也。

注释

（1）奇兵：使用偷袭战术的部队。
（2）游兵：机动灵活的游击队。

（3）《吴子》：中国古代著名兵书。战国初期杰出的政治家和军事家吴起与魏文侯、魏武侯论兵的辑录。吴起曾在楚国做令尹，推行变法，使楚国逐渐强大起来，后为楚国贵族杀害。《汉书·艺文志》记载《吴起》四十八篇。今仅存十六篇（系后人伪所托）。

按语之译文

关门捉贼，不仅仅是恐怕敌人逃走，而且怕它逃走之后被他人所利用。如果门关不紧，让敌人脱逃，千万不可轻易追赶，防止中了敌人的诱兵之计。这个贼，指的是那些出没无常、偷袭的游击队伍。他们的企图，是使对方疲劳，以便实现他们的目的。兵书《吴子》中特别强调不可轻易追逐逃敌。他打了一个比方，一个亡命之徒隐藏在旷野里，你派一千个人去捉他，也会十分困难，这是为什么呢？主要是怕对方突然袭击而损害自己。所以说，一个人只要是玩命不怕死，就会让一千个人害怕。根据这个道理推测，敌军如能脱逃，势必拼命战斗，如果截断他的去路，敌军就易于歼灭了。所以，对弱敌必须围而歼之，如果不能围歼，暂时放它逃走也未尝不可，千万不可轻易追击。

典故

战国后期，秦国攻打赵国。秦军在长平（今山西高平北）受阻。长平守将是赵国名将廉颇，他见秦军势力强大，不能硬拼，便命令部队坚壁固守，不与秦军交战。两军相持四个多月，秦军仍拿不下长平。秦王采纳了范雎的建议，用离间法让赵王怀疑廉颇，赵王中计，调回廉颇，派赵括为将到长平与秦军作战。赵括到长平后，完全改变了廉颇坚守不战的策略，主张与秦军对面决战。秦将白起故意让赵括尝到一点甜头，使赵括的军队取得了几次小胜。赵括果然得意忘形，派人到秦营下战书。这下正中白起的下怀。他分兵几路，指挥形成对赵括军的包围圈。第二天，赵括亲率四十万大军，来与秦兵决战。秦军与赵军几次交战，都打输了。赵括志得意满，哪里知道敌人用的是诱敌之计。他率领大军追赶被打败了的秦军，一直追到秦壁。秦军坚守不出，赵括一连数日也攻克不了，只得退兵。这时突然得到消息：自己的后营已被秦军攻占，粮道也被秦军截断。秦军已把赵军全部包围起未。一连四十六天，赵军绝粮，士兵杀人相食，赵括只得拼命突围。白起已严密部署，多次击退企图突围的赵军，最后，赵括中箭身亡，赵军大乱。可惜四十万大军都被秦军杀戮。这个赵括，就是会"纸上谈兵"，在真正的战场上，一下子就中了敌军"关门捉贼"之计，损失四十万大军，使赵国从此一蹶不振。

经典案例

袁绍围攻公孙瓒

　　公元 199 年，冀州袁绍包围了幽州的公孙瓒，公孙瓒数次突围，都被败下阵来，只得退回城里，为了有效抵御袁绍的进攻，公孙瓒下令加固工事，在城墙周围挖了 10 条壕堑，在壕堑上又筑起 10 丈高的城墙。同时，他还囤积了 300 万斛（音：狐，一斛约为 5 斗）粮食。果然，袁绍连续几年攻城，都无功而返。

袁绍一怒之下，动用全部兵力加紧围攻。公孙瓒见情况不妙，急忙派儿子杀出重围，去搬求救兵去了。后来，公孙瓒的救兵来到，他派人送信约定：以举火为号，然后内外夹击袁绍。谁知，送信的人一出城就被袁绍的部下抓获，得知公孙瓒的计谋，袁绍便将计就计：按其约定时间举火，公孙瓒果然中计，领兵出城接应救兵，却遭到袁绍布下的军士伏击，大败而逃回城里。袁绍乘胜在城墙外挖地道，直达守城的中央。等一切准备充分，袁绍一声令下，大批袁军仿佛从天而降，对公孙瓒的军队发起猛烈的攻击，公孙瓒精心设计的防备倾刻瓦解。公孙瓒见败局已定，杀死自己的家眷后，自尽而亡。

狭窄海峡中的大舰队

公元前480年，雅典与前来进攻的波斯人之间进行决战。可以想象，占有绝对优势的波斯人打算在开阔的海面：包围雅典海军舰队，并将具消灭。这样，按照雅典统帅地米斯托克利的计划，希腊人必须竭尽全力使海战在萨拉米斯与阿提卡海岸之间的狭窄通道里进行，以使强大的波斯海军无法充分施展，问题在于如何诱使波斯人在那里作战。

希腊人把舰队都集中到狭窄的萨拉米斯海道，但很快他们就顾虑重重。因为他们远离自己的航道，靠近优势的敌人，在某种程度上可以说是背水一战。如果波斯人将岛两边的通道堵住。整个希腊舰队就落入陷阱。储备是有限的，希腊人遭到包围，也没有希望得到援助，因为外面只有少数几艘希腊战舰。这时不断有新的可怕的消息传来：如雅典的高筑堡垒被烧毁。一些希腊船只已经驶离。希腊舰队中要求撤离的呼声越来越高。几天之后，作战会议的多数成员便作出决定：撤离萨拉米斯海道。地米斯托克利的意见遭到否决。然而他胸有成竹。他秘密派使者去见波斯国王泽尔士（Xerxes，约前519—前465）。按希罗多德的记述，使者向波斯国王转达："在其他希腊人不知道的情况下，希腊统帅派我到你们这里来，因为他站在陛下这边，两边交战，他更希望你们得胜。他让我告诉你们，希腊人充满恐惧，只想逃跑。你们只要不让他们跑掉，就能获得最大的成功。再说他们内部不团结，无力对你们进行抵抗……"使者转达完之后，就立即离去。"这一计策基本上是有充分依据的。"慕尼黑大学教授丸里斯蒂安·迈埃尔在他的作品《雅典》世界史的一个新开端中写道。他所说的这一没有命名的计谋，实际是第七计"无中生有"和第十三计"打草惊蛇"两计的结合。泽尔士认为这个消息可信，尤其是因为它符合他的意图。因为他急于取得迅速而惊人的胜利。他不怀疑他会取胜。

看来泽尔士并不谨慎小心。面对势力强大的我，希腊人能奈我何？而对即将到来的波斯人的袭击，希腊人已早有防备。凌晨，波斯人与准备好作战的希腊舰队相遇。从某种程度上说，希腊人是"以逸待劳"（第四计），因波斯人整夜都坐在战舰的甲板上向部署的前线阵地进发。

当波斯舰队在呐喊声中开过来时，希腊人仍然犹豫不定。这时第一艘希腊战舰与波斯舰艇相遇。其他战舰也都陆续投入了战斗。谁都不清楚，海战具体战况如何。也许是希腊人的战舰厉害，也许其部署也比较合理。"由于波斯舰队排列太紧，它们显然不断相互妨碍。"克里斯蒂安·迈埃尔写道。相对于陷入混乱的波斯人，希腊人则显得比较井井有条。他们借助舰艇撞角击中许多波斯舰艇，希腊士兵随之冲上甲板。波斯人丢掉了许多战舰和一大部分军队，特别是因为许多人不会游泳。希腊人毫不留情地将落入水中的波斯人打死。在 9 月那个日期不详的夜晚，希腊人成为萨拉米斯海战的获胜者已是确信无疑的了。

对地米斯托克利把波斯人诱入萨拉米斯狭道这一计划，克里斯蒂安·迈埃尔说成是"一个机敏的计划，一个打破所有传统思维和想象的闻所未闻的战略，而它总体上要求大多数参与者对看起来好像是显而易见的事要持有远见"。他用这句话对计谋的特征作了比较正确的评述，但对地米斯托克利不同寻常的作战计划却没有用计谋这个词。只有在说明地米斯托克利让人向波斯国王传递秘密消息时，两次用了这个词。当然这是一个非常明显的，甚至可以说"粗浅"的计谋。但也许计谋就得是这样粗浅，才能为欧洲人所发现。纵观三十六计，地米斯托克利选择萨拉米斯狭窄海道作为海战战场，可以相当明确地归入第二十二计，这样看来，本计在早期欧洲历史上曾发挥过决定性的作用。

三河大捷

天京事变之后，太平天国元气大伤，一时处于低潮。清军趁此千载难逢之机发动反攻。1858 年，曾国藩湘军主力李续宾部在攻占九江之后，又乘胜攻下太湖、桐城、舒城等地，其前锋直抵三河镇。三河镇是通往当时安徽省会庐州的咽喉所在，一旦失守，庐州将难以保全。

因此，太平天国若想在安徽立足，就要死保三河镇。

太平天国青年将领陈玉成接到三河镇告急的文书，便率本部人马星夜赶往三河。在紧张的行军途中，他酝酿出一个关门捉贼的作战计划。

陈玉成率军首先包抄清军的后路，同时又命令庐州守将吴如孝会合捻军南下，切断李续宾部与舒城清军的联系。

此时李秀成奉洪秀全之命率兵前来作为后援。太平军这番部署调动，形成了对湘军的包围态势，使李续宾部成为瓮中之鳖。

湘军来到三河镇后接连攻占了太平军凭河而筑的九座砖垒，气焰十分嚣张。

11月14日，陈玉成、李秀成开始夹攻李续宾的大营，双方展开激战。次日李续宾组织反击，一度冲破陈玉成的营垒。不料，当时大雾漫起，咫尺难辨，李续宾部如同隐入迷魂阵之中，不多时便被太平军全歼。

陈、李合兵一处，全力攻打湘军阵门，三河守将吴定规也率军从城内杀出，把湘军团团包围。整个战线绵延二三十里，硝烟弥漫，杀声震天。湘军连失七座大营，被杀得溃不成军，终于败北。

在这场战斗中，太平军歼灭湘军6000余人，击毙了包括曾国藩之弟曾国华在内的文武官员400人。李续宾走投无路，自缢而亡。曾国藩接到噩耗后，大受震惊，沮丧地说："三河之败，歼我湘人殆近六千，大局顿坏，而吾邑士气亦为不扬。"

相反，三河大捷使走下坡路的太平军重振军威。接着，陈玉成、李秀成乘胜追击残敌，再克舒城、桐城、太湖，解除安庆之围，扭转了太平军在皖北的被动局面。

智慧解读

关门捉贼，是指对弱小的敌军要采取四面包围、聚而歼之的谋略。如果让敌人得以脱逃，情况就会十分复杂。穷追不舍，一怕它拼命反扑，二怕中敌诱兵之计。这里所说的"贼"，是指那些善于偷袭的小部队，它的特点是行动诡秘，出没不定，行踪难测。它的数量不多，破坏性很大，常会乘我方不备，侵扰我军。所以，对这种"贼"，不可放其逃跑，而要断他的后路，聚而歼之。当然，此计运用得好，决不只限于"小贼"，甚至可以围歼敌主力部队。

第二十三计　远交近攻

原文

形禁势格[1]，利从近取，害以远隔[2]。上火下泽[3]。

注释

（1）形禁势格：禁，禁止。格，阻碍。全句意为受到地势的限制和阻碍。

（2）利从近取，害以远隔：句意为，先攻取就近的敌人有利，越过近敌先去攻取远隔之敌是有害的。

（3）上火下泽：语出《易经·睽》卦。睽，卦名。本卦为异卦相叠（兑下离上）。上卦为离为火，下卦为兑为泽。上火下泽，是水火相克；水火相克则又可相生，循环无穷。又"睽"，离违，即矛盾。本卦《象》辞："上火下泽，睽。"意为上火下泽，两相离违、矛盾。此计运用"上火下泽"相互离违的道理，说明采取"远交近攻"的不同做法，使敌相互矛盾、违离，而我正好各个击破。

译文

凡是受到地理形势的限制时，攻取附近的敌方，就有利；攻击远隔的敌方，就有害。这是从暌卦象辞"上火下泽。暌"一语中悟出的道理。

按语

混战之局，纵横捭阖之中，各自取利。远不可攻，而可以利相结；近者交之，反使变生肘腋。范雎之谋[1]，为地理之定则，其理甚明。

注释

（1）范雎：战国时期著名政治家、谋略家，魏国人。入秦游说秦昭王，受重用，任秦相，封于应（今河南宝丰西南），称应侯。他建议秦王采取远交近攻的战略，逐一消灭六国，统一天下。

按语之译文

在天下大乱之世，不同的集团为了各自的利益，手段是无所不用的，或合纵，或连横，或开启，或深藏；远方的目标一时难以攻取，就可以暂时牺牲一定的利益同它结好；如果同邻近的国家结好，反而会使变乱在自己的肘腋内发生。战国时，谋士范雎向秦王提出的远交近攻的谋略，是从地理环境出发，决定结交或者进攻基本原则的，其中的道理十分明显。

典故

战国末期，七雄争霸。秦国经商鞅变法之后，势力发展最快。秦昭王开始图谋吞并六国，独霸中原。公元前270年，秦昭王准备兴兵伐齐。范雎此时向秦昭王献上"远交近攻"之策，阻秦国攻齐。他说：齐国势力强大，离秦国又很远，攻打齐国，部队要经过韩、魏两国。军队派少了，难以取胜；多派军队，打胜了也无法占有齐国土地。不如先攻打邻国韩、魏，逐步推进。为了防止齐国与韩、魏结盟，秦昭王派使者主动与齐国结盟。其后四十余年，秦始皇继续坚持"远交近攻"之策，远交齐楚，首先攻下韩、魏，然后又从两翼进兵，攻破赵、燕，统一北方；攻破楚国，平定南方；最后把齐国也收拾了。秦始皇征战十年，终于实现了统一中国的愿望。

经典案例

郑庄公"远交近攻"成就霸业

春秋初期，周天子实际上已被架空，各路诸侯逐鹿中原。郑庄公在此混乱局势下，巧妙地运用"远交近攻"的策略，成为春秋初期的霸主。

当时，郑国与近邻宋国、卫国积怨很深，矛盾十分尖锐，郑国时刻都有被两国夹击的危险。

　　郑国为了在外交上采取主动，相继与邾、鲁等国结盟，不久又与实力强大的齐国在石门签订盟约。

　　宋、卫联合陈、蔡两国共同攻打郑国，鲁国也派兵助战，将郑国东门围困了五天五夜。虽未攻下，郑国已感到本国与鲁国的关系还存在问题，便千方百计想与鲁国重新稳固友好，共同对付宋、卫。郑国以帮邾国雪耻为名，主动出击宋国。同时，向鲁国积极发动外交友好攻势，主动派使臣到鲁国。

　　果然，鲁国与郑国重修旧谊。齐国当时出面调停郑国和宋国的关系，郑庄公表示尊重齐国的意见，暂时与宋国修好。齐国因此也对郑国心存好感。公元前714年，郑庄公以宋国不朝拜周天子为由，联合齐、鲁两国代周天子发令攻打宋国。郑、齐、鲁三国大军很快地攻占了宋国大片土地。宋、卫军队乘势避开联军锋芒，乘虚攻入郑国。郑庄公把占领宋国的土地全部送与齐、鲁两国，迅速回兵，大败宋、卫大军。郑国乘胜追击，击败宋国，卫国被迫求和。郑庄公势力扩张，霸主地位形成。

中国外交战略模式的演变

　　新中国成立初期，建立了同前苏联集团的战略同盟关系，这个战略同盟关系的重心在社会主义阵营，核心是反对帝国主义战争，维护世界和平。

　　20世纪60年代初中苏关系破裂，出于国内经济建设的需要，考虑到西方阵营的某些变动，我们调整了自己的外交战略，将中国对外经贸关系的重点逐渐移向西方世界，并在外交战略上逐步形成以三个世界划分为基本判断的新型外交战略模式。这个外交战略的重心在"第三世界"国家。战略的核心是建立全球反霸统一战线，维护世界和平。

20 世纪 70 年代，中美关系急剧变化，我国同西方大多数国家的经贸关系有了一定程度的发展，中国的国际地位有所提高。我们提出了独立自主的外交口号。它是一种不稳定的外交战略模型。带有明显的过渡色彩，主旨是反对霸权主义，维护世界和平，为中国赢得更大的国际回旋空间。

20 世纪 80 年代中期的债务危机和九十年代后期的亚洲金融危机后，许多发展中国家借鉴了欧洲的成功经验，地区集团化的步伐加快。中国政府善意地理解了广大发展中国家积极发展民族经济的愿望，在将中国经济全面融入国际社会的同时，积极参与地区一体化建设。这种前所未有的国际政治经济新时代，为中国调整自己的外交方略提供了良好的机遇。中国政府顺应时代的变化，提出了国际外交战略的全新命题"与邻为善""以邻为伴""睦邻富邻""实现共同发展"，"建立协商对话，维护地区安全和世界和平的机制"。这种新的和平外交战略模式已经基本形成，并正在中国的国家外交实践中全面推开，我们姑且将其命名为"和平发展"的外交战略。

"和平发展"的外交战略模式的提出，是新中国几代领导人呕心沥血、殚精竭虑的产物，它的核心思想是追求国家关系上的和平共处，而不是基于消灭敌人的战争考虑；是基于对各国人民谋求经济发展，实现生活水平提高的愿望的认同和理解；是基于对当今社会潮流的准确判断。它和以往的外交战略模式的根本区别在于：第一，它是致力于和平，而不是致力于战争的，充满了对人类的善意，承认世界的多样性，承认各民族、各国家、各种文化、各种发展道路和发展模式的合理性和合法性，创造性地提出了国际关系史上不同于丛林法则的人性法则。第二，它致力于各国人民的经济发展，因而不同于以往侧重于战争的外交战略模式。第三，它是中国传统文化的产物，中国在国内推行改革开放，提出建立"和谐社会"。在国际社会提出"和平发展"的外交战略模式，积极推动国际关系民主化。

传统文化正日益成为推动中国与世界各国平等交往的强大动力。"和平发展"的外交战略，打破了中国被包围被封锁的国际关系格局。目前我们需要格外警惕战争逻辑的外交战略的恶劣影响。我们看到有人竭力将中国定格在美国的潜在战略竞争对手的位置上，拼命鼓吹"中国威胁论"。可见战争逻辑仍然深深地根植于许多外交政策制定者的头脑中。在这种情况下，中国更要坚定不移地执行"和平发展"的外交战略，树立负责任的和平大国形象。

古巴比伦王朝的崛起

公元前 1792 年，汉谟拉比继承王位，成为古巴比伦王朝的第六任国王。当时的巴比伦疆域狭小，国势很弱，而周边却是强国如林：西北有玛里，东北有埃什努那，南边有伊新、乌鲁克，东南有拉尔萨，北面是亚述，东面是善战的伊兰人。

为使巴比伦强盛起来，汉谟拉比致力于发展经济，几年后巴比伦便财茂物丰。雄才大略的汉谟拉比不满足于此，他的奋斗目标是吞并诸国，统一两河流域。为此他采用了远交近攻的战略。汉谟拉比把南方的近邻伊新确定为第一个吞并目标。为达到这一目的，他向强大的亚述帝国俯首称臣，极尽讨好之能事，同时又和拉尔萨密切友好关系。其后，汉谟拉比联合拉尔萨一举灭亡了伊新，并顺势吞并了乌鲁克。

后来，汉谟拉比又联合饱受亚述欺凌的玛里，共同对付亚述。

公元前 1783 年，亚述国王沙玛什亚达德一世去世，汉谟拉比乘机帮助原玛里国王吉摩里利姆复位，接着两国军队开向亚述，占据了亚述的南部地区，亚述帝国从此一蹶不振。为进一步拉拢玛里，汉谟拉比出兵帮助玛里击退了西边游牧部落和东邻埃什努那的进攻，使玛里国王吉摩里利姆同他结为刎颈之交。

看到巴比伦北部再无强敌，汉谟拉比又把吞并的矛头指向昔日的盟友拉尔萨。公元前 1763 年，汉谟拉比联合玛里军队打败了拉尔萨。当玛里国王吉摩里利姆深感自己处境不妙时，汉谟拉比已将大军摆在玛里城下，原为"兄弟"的吉摩里利姆被迫向汉谟拉比称臣。两年后，吉摩里利姆发动叛乱，被汉谟拉比诛杀。

公元前 1755 年，汉谟拉比又征服了最后一个邻国埃什努那。这样，经过 30 年的征战，汉谟拉比终于统一了两河流域。

在这里，汉谟拉比采用远交近攻的谋略，先后吞并了诸国。他总是集中力量攻打一个目标，在时机不成熟时决不轻易放弃任何盟友，这是他成功的奥秘所在。

智慧解读

"远交近攻"之计属于制造和利用矛盾，分化瓦解敌方联盟，实行各个击破的谋略。其关键是：当军事目标受到地理条件限制时，利于先攻取就近的敌人，不利于越过近敌去攻取远处的对手，如果能够同远处的对手取得暂时的联合，更利于各个击破。实行"远交近攻"之计，有助于集中力量应付眼前的敌人，并且将其置于孤立无援的境地。

在商战中，"远交近攻"之计可引伸为：开拓邻近的市场或与近处的对手竞争，有利因素多。为了使形势对自己有利，对远处的对手，也可适当联合。

从时间概念上来看，"远交近攻"之计又可理解为顺应市场需求，谋取近期利益；又可以着眼未来，作长远打算，使企业保持良好的发展势头。

从经营项目上看，"远交近攻"之计也适用于企业的规划发展，如果贸然从事非自己所擅长的行业。就与远处作战一般，必遭失败。

该计核心内容：对近敌孤立封锁，目的是在除掉他们以后再消灭远敌。与暂时的伙伴结成假联盟进行分化瓦解。在远方交友的智谋，为最终毁盟友而结盟的智谋；争夺霸权的智谋。

第二十四计　假道伐虢

原文

两大之间，敌胁以从，我假以势[1]。困，有言不信[2]。

注释

（1）两大之间，敌胁以从，我假以势：假，借。句意为：处在我与敌两个大国之中的小国，敌方若胁迫小国屈从于他时，我则要借机去援救，造成一种有利的军事态势。

（2）困，有言不信：语出《易经·困》卦。困，卦名。本卦为异卦相叠（坎下兑上），上卦为兑为泽，为阴；下卦为坎为水，为阳。卦象表明，本该容纳于泽中的水，现在离开泽而向下渗透，以致泽无水而受困；水离开泽流散无归也自困，故卦名为"困"。"困"为困乏的意思。卦辞："困，有言不信。"意为，处在困乏境地，难道不相信强者的话吗？此计运用此卦理，是说处在两个大国中的小国，面临着受人胁迫的境地时，我若说援救他，他在困顿中会不相信吗？

译文

处在敌我两个大国中间的小国，当敌方强迫它屈服的时候，我方要立刻出兵，显示威力，给予援救，这是一定会取得小国信任的。这是从《困卦》卦辞"困，有言不信"一语中悟出的道理。

按语

假地用兵之举，非巧言可诳，必其势不受一方之胁从，则将受双方之夹击。如此境况之际，敌必迫之以威，我则诳之以不害，利其幸存之心，速得全势，故不战而灭之矣。如晋侯假道于虞以伐虢[1]，晋灭虢，虢公丑奔京师[2]，师还，袭虞灭之。

注释

（1）晋侯：即晋国的国君，此处指晋献公（前676年—前651年在位）。虞：春秋时代诸侯国名。姬姓；在今山西平陆北。公元前

655 年晋国假道伐虢时，被晋突袭所灭；虢：春秋时代诸侯国名。有东虢、西虢、北虢之分。姬姓。此处指北虢，建都上阳（今河南三门峡市东），占有今河南三门峡和山西平陆一带。公元前 655 年为晋所灭。

（2）丑：虢国国君的名字。京师：东周国都洛邑，即今洛阳。

按语之译文

借别国的道路用兵打仗，这样的欺诈之举，不是靠花言巧语就能够成功的，除非这个国家处于这样的两难境地：不屈从于一方，便会受到双方的夹击；面对这种局势，敌国必然对这一小国以武力相威胁，我则相反，以决不相侵害的好言欺骗它，利用它侥幸图存的心理，迅速把自己的势力伸展进去，它势必不能控制自己的阵地，所以，我不需要通过战争手段就能灭掉它：如春秋时期，晋侯向虞国借道去攻打虢国，晋灭掉了虢国，虢国公丑逃奔到周朝京都洛阳：等晋灭了虢国回师经过虞国时，又乘其不备，灭掉了虞国。

典故

春秋时期，晋国想吞并邻近的两个小国：虞和虢，这两个国家之间关系不错。晋如袭虞，虢会出兵救援；晋若攻虢，虞也会出兵相助。大臣荀息向晋献公献上一计。他说，要想攻占这两个国家，必须要离间他们，使他们互不支持。虞国的国君贪得无厌，我们正可以投其所好。他建议晋献公拿出心爱的两件宝物，屈产良马和垂棘之璧，送给虞公。献公哪里舍得？荀息说：大王放心，只不过让他暂时保管罢了，等灭了虞国，一切不都又回到你的手中了吗？献公依计而行。虞公得到良马美璧，高兴得嘴都合不拢。

晋国故意在晋、虢边境制造事端，找到了伐虢的借口。晋国要求虞国借道让晋国伐虢，虞公得了晋国的好处，只得答应。虞国大臣宫之奇再三劝说虞公，这件事办不得的。虞虢两国，唇齿相依，虢国一亡，唇亡齿寒，晋国是不会放过虞国的。虞公却说，交一个弱朋友去得罪一个强有力的朋友，那才是傻瓜哩！

晋大军通过虞国道路，攻打虢国，很快就取得了胜利。班师回国时，把劫夺的财产分了许多送给虞公。虞公更是大喜过望。晋军大将里克，这时装病，称不能带兵回国，暂时把部队驻扎在虞国京城附近。虞公毫不怀疑。几天之后，晋献公亲率大军前去，虞公出城相迎。献公约虞公前去打猎。不一会儿，只见京城中起火。虞公赶到城外时，京城已被晋军里应外合强占了。就这样，晋国又轻而易举地灭了虞国。

经典案例

两势不兼得

元朝末年，农民起义风起云涌，元朝统治摇摇欲坠。公元1355年6月，朱元璋率红巾军3万人由和州（今安徽省和县）乘战船千艘渡过长江，攻占了元军盘踞的牛渚矶（今马鞍山市长江东岸），夺取了大量的粮食。

红巾军中有很多将士是和州人，此时正值和州大灾，粮食奇缺，和州的壮士都想把粮食运回和州，不愿继续进军。

　　朱元璋与大将徐达、常遇春商议道："退返和州，前功尽弃，而且再要攻取牛渚矶也并非一件容易的事，如今之计只有断绝将士的归心，否则，大事难成。"

　　徐达和常遇春都点头赞同。于是，朱元璋立刻传令亲信将士赶到江边，将停泊在江边的千余艘战船的缆绳砍断，放任战船顺江而下。转眼间，浩浩荡荡的船队就顺水而去，消失在浩渺的烟波雾霭之中。

　　全军将士都目瞪口呆，不知到底发生了什么事。

　　朱元璋对将士们说："我们要想建立功业，就不能为一时的安乐所困扰。太平城（今安徽省当涂县境内）离此不远，我们必须攻下太平把它作为立足之地，然后攻取金陵，成就大业。"

　　将士们面面相觑，但战船尽失，退路已无，只好死心跟着朱元璋去进攻太平城。太平城守将鄂勒哲布哈从未遇到过如此不要命的队伍，交战不久就弃城逃走，红巾军夺取了太平城，有了安身之地。

　　此后，朱元璋迅速进军，不断扩大自己的势力，终于在公元1368 年推翻了元朝统治，一统天下，建立了明朝。

智慧解读

　　"假道伐虢"是以借路渗透，扩展军事力量，从而不战而胜的谋略。其关键在于：对处于敌我两个大国中的小国，当敌人胁迫它屈服时，一方要立即出兵援救，借机把军事力量扩展出去。对处在窘迫状况下的国家，光空谈而不付诸行动，是不会被其信任的。应抓住其侥幸图存的心理，乘机渗透，以便控制局势，将其吞并。

第五套　并战计

　　并战计，是三十六计中的第五套计，共有六计：偷梁换柱、指桑骂槐、假痴不癫、上屋抽梯、树上开花和反客为主。

　　并战计中的这六计全是用来对付友军的。在古代，很多时候需要同盟国联合作战的，但我们切不可对同盟国掉以轻心，因为友人是潜在的敌人，他会在与你并肩作战时，突然下手歼灭你。所以，在这种形势之下，就得妙思攻受之计。

第二十五计　偷梁换柱

原文

　　频更其阵，抽其劲旅，待其自败，而后乘之，曳其轮也[1]。

注释

　　（1）曳其轮：既济卦初九爻的爻辞。全文为："初九，曳其轮，濡其尾，无咎。"大意是，初九爻象征着拖着车轮过河，以防止车轮运行失控；也象征着狐狸翘着尾巴过河，以防止尾巴沾湿，但尾巴还是打湿了：但这不足以造成什么祸端。

译文

频繁更换盟军的阵势，暗中抽去它的精锐主力，等它自趋衰败，然后乘机控制或吞并它。如同既济卦爻象所揭示的道理，拖住了大车的轮子，也就控制住了大车的运行。

按语

阵有纵横，天衡为梁[1]，地轴为柱[2]。梁柱以精兵为之，故观其阵，则知精兵之所有。共战他敌时，频更其阵，暗中抽换其精兵，或竟代其为梁柱；势成阵塌，遂兼其兵。并此敌以击他敌之首策也。

注释

（1）天衡为梁：天衡，古代军阵部位名称，即首尾相对应的队列。梁，即房屋的大梁。天衡为梁，即天衡在整个军阵中的作用就好比是房屋的大梁。

（2）地轴为柱：地轴，古代军阵部位名称，指处于军阵中心的队列。柱，即房屋的柱子。地轴为柱，意即地轴在整个军阵中所起的作用就如同房屋的柱子所起的作用一样。

按语之译文

军阵中有东西南北的方位，阵中有"天衡"，首尾相对，是阵的大梁；"地轴"在中央，是军阵的柱子。梁和柱的位置都部署精兵防守。所以，通过察看军阵，就能发现其主力的部署位置。如果同盟军联合对敌作战，就可以用频繁更换盟军阵容的办法，暗中抽换它的精兵，或者派自己的部队去代替盟军做梁柱，阵势布成以后，盟军原来的阵地便随之坍塌，我便可乘势兼并盟军。这是兼并这一敌军再去攻击其他敌军的最重要的策略。

典故

公元前210年，秦始皇第五次南巡，到达平原津（今山东平原县附近），突然一病不起。此时，秦始皇也知道自己的大限将至。于是，连忙召丞相李斯，要李斯传达秘诏，立扶苏为太子。当时掌管玉玺和起草诏书的是宦官头儿赵高。赵高早有野心，看准了这是一次难得的机会，故意扣压秘诏，等待时机。

几天后，秦始皇在沙丘平召（今河北广宗县境）驾崩。李斯怕太子回来之前，政局动荡，所以秘不发丧。赵高特此去找李斯，告诉他，皇上赐给扶苏的信，还扣在我这里。现在，立谁为太子，我和你就可以决定。狡猾的赵高又对李斯讲明利害，说，如果扶苏做了皇帝，一定会重用蒙恬，到那个时候，宰相的位置你能坐得稳吗？一席话，说得李斯果然心动，二人合谋，制造假诏书，赐死扶苏，杀了蒙恬。

赵高未用一兵一卒，只用偷梁换柱的手段，就把昏庸无能的胡亥扶为秦二世，为自己今后的专权打下基础，也为秦朝的灭亡埋下了祸根。

经典案例

偷梁换柱，反败为胜

春秋后期，晋国有掌握大权的"六卿"，即范氏、中行氏、智氏、赵氏、韩氏、魏氏。公元前458年，智氏的智瑶为政，称智伯，与赵、韩、魏共同瓜分争权败逃的范氏、中行氏的封地。后来晋出公率军伐四卿，兵败身亡，智伯立昭公的曾孙骄为晋君，号称敬公。智伯操纵政令大权，拥有领地最多，因而"四卿"中以智伯势力最强，但他时刻想消灭韩、赵、魏，取代晋军。

公元前403年，智伯为了逐步消灭韩、赵、魏三家，便依照亲信谋划的策略，以晋、越两国争当盟主，晋将出兵伐越国为借口，令他们各献出自己的部分领地，如有不从，则假称晋侯之令，出师有名，灭之在理。韩康子、魏桓子，虽想抗拒，但权衡利弊，忍气吞声，只好割地给智伯。

得韩、魏地后智伯更加骄纵，又向赵襄子要地。赵本与智伯有过节，坚决不给。智伯愤怒至极，立即率韩、魏、智三家人马攻赵。赵襄子自知不敌，便出走晋阳（今山西省太原东南）。晋阳是其父赵鞅辖地，赵鞅派尹铎（赵氏家臣）治理晋阳，对百姓宽大，人民对赵氏颇为亲附。晋阳占地利、人和，智伯率三家大军围攻不下，又引水灌城。水距城墙顶仅五六尺，城内也灌进不少水，但全城仍然没有一人动摇逃跑，连妇孺老弱都同赵襄子一起死守城池。

智伯亲自坐车巡视水情，魏桓子居中，给他驾车，韩康子站在车的右边。智伯放眼一望，只见水势浩荡，晋阳城简直就像一个孤岛。于是智伯趾高气扬地对两人说："我今天才知道水能使他国灭亡！"魏桓子忙用肘轻轻地碰了一下韩康子，韩康子也用脚踩了一下魏桓子的脚背，彼此心照不宣。因为他们想到汾水可以灌魏都安邑（今山西省夏县西北），绛水也可以灌韩都平阳（今山西省临汾西南）。谋士缔疵对智伯说："韩、魏一定会反叛。"智伯问："何以见得？"缔疵答道："我是根据人情事理推断出来的，您胁迫魏、韩出兵前来攻赵，一旦赵灭亡后，灾难就该降临到他们头上了。这次，您和他们约定打败赵国之后三家平分赵氏的领地。现今晋阳城只差五六尺就整个给淹没了，城内的粮食断绝，战马被宰食，城陷赵亡，指日可待。眼见三家即将瓜分赵氏的领地，而他们两人不但没有欣喜的样子，反而颇为忧愁，难道这不能说明他们想要反叛吗？"

第二天，智伯将缔疵这番话告诉韩康子与魏桓子，二人心里大吃一惊，但是在表面上故作镇静，从容不迫地回答智伯，说："这恐怕是为赵氏游说之辞，望智伯切勿听信此类逸言，以免徒增怀疑，松懈我们的攻城斗志。难道我们两家就不知道即将攻下赵国，我们即将分得赵地吗？我们怎能干那种没有任何意义，又无成功把握的蠢事呢？"智伯听他二人这么一说，也就放心了。韩、魏二人走了以后，缔疵又来见智伯，说："您怎么可将我所说的话告诉他们二人呢？"智伯颇感惊奇，便问："你是怎么知道我说了？"缔疵回答说："我一进来，碰见他们两人同时恶狠狠地用眼睛瞪我，匆匆离去。故我推测，主上已将我的话向二人说了。"智伯仍不明白。缔疵见智伯既贪且愚，还非常骄横，今后难免有杀身灭族之祸，便借故离开智伯出使到齐国去了。

那边晋阳城内被围困的赵襄子，眼见水势日益高涨，国家危在旦夕，急召谋士张孟谈进帐共商对策。张孟谈说："为解救晋阳之危，臣已思索很久。现在智氏联韩、魏攻赵，灭赵后必以同样手段灭韩、魏。臣知道韩、魏并不甘于受智氏驱使。依臣之见，可以用'偷梁换柱'之计解晋阳之危。臣愿只身前往劝说韩、魏，与我们联合对付智伯。"赵襄子大喜，说："赵氏宗族得以保存，全要靠卿之帮助。"于是即派张孟谈前往晋阳，秘密会见韩康子、魏桓子，说："赵、韩、魏三国唇齿相依，唇亡则齿寒。今智伯统率你们两家攻赵，如果赵灭，韩、魏也会跟着灭亡，与其这样，还不如韩、赵、魏三家联盟讨伐智伯。"韩康子和魏桓子二人也坦然以对说："我们都知道这个道理。只怕智伯防范严密，事没有做到，我们的密谋便泄露了。"张孟谈又说："此计出自我们三人，别人谁也不知，只要我们不出任何问题，还怕什么？"经张孟谈反复劝说，他们终于同意联盟，约定日期，届时赵、韩、魏三家各率人马共击智军。订盟后，张孟谈悄然回到晋阳城内，向赵襄子复命。

到了盟约之日，赵襄子派人连夜摸上水堤，杀掉智伯守兵，将水堤挖决，放晋水灌入智伯军营。智军措手不及，顿时全军人慌马乱。韩、魏两军也从左右两翼夹杀过来，赵襄子也率军由城内杀出从正面加以攻击，智伯的军队被杀得惨败而逃，多数人被晋水吞没，智伯也被杀死。由于智伯骄纵轻敌，中了"偷梁换柱"之计，在韩、赵、魏三家盟军的合攻之下，全军覆没，智氏宗族也全部被消灭。

知县撮合有情人

清朝名士袁子才在江宁做知县的时候，有一个姓陈的女子，已许配给李某，但李某家贫，女家索礼很重，以致两人无法成婚。后来，陈氏女被一个风流和尚设计奸污了，在和尚威逼利诱之下，不得不做了这和尚的情妇。乡间有几个无赖得知此事，想借故勒索和尚。一晚，和尚和陈氏女被无赖们当场捉住，送往县衙。

知县袁子才问清了事情的由来，很同情陈氏女的遭遇，决定帮她摆脱和尚的纠缠，与李某结成秦晋之好。

袁子才半夜提审了和尚，申斥一顿之后，勒令他写下一张200两银子的借据，剥下和尚袍，令他滚蛋。然后在自家中找到一个做粗活的女仆，剃掉她的头发，穿上那件和尚袍，关进监牢。

第二天，袁子才升堂，先问陈氏女，她一言不发，只是低头哭泣。袁子才把惊堂木一拍，喝道："可恶的秃驴，出家人竟敢与黄花闺女同居，天理难容！来人，与我打80大板！"衙役们不由分说，当堂剥下"奸夫"的裤子，一看傻眼了，原来是个女的！袁子才故装惊讶："怎么是个尼姑！原告竟敢与本官开玩笑，本官定要追究。现在把被告放了吧！"

几天后，袁子才把李某找来，把陈氏女无辜受辱的经过如实说明，并给了他200两银子。李某感动得热泪盈眶，回去后即向女家纳聘，不久李某就与陈氏女结为夫妇。

袁子才运用偷梁换柱的计谋，换回了陈氏女的名誉，并在李某与陈氏女之间做撮合工作。李某用和尚赔给他的"损失费"作为聘金，这对有情人终成眷属。

智慧解读

偷梁换柱，指用偷换的办法，暗中改换事物的本质和内容，以达蒙混欺骗的目的。"偷天换日""偷龙换凤""调包计",都是同样的意思。在军事上,联合对敌作战时,反复变动友军阵线,借以调换其兵力,等待友军有机可乘、一败涂地之时,将其全部控制。但此计一定要在对方不防备的情况下使用,一旦被敌人发现就会导致"偷鸡不成蚀把米"。此计中包含尔虞我诈、乘机控制别人的权术,所以也往往用于政治谋略和外交谋略。

第二十六计 指桑骂槐

原文

大凌小者,警以诱之⁽¹⁾。刚中而应,行险而顺⁽²⁾。

注释

(1) 大凌小者,警以诱之:强大者要控制弱下者,要用警戒的办法去诱导他。

(2) 刚中而应,行险而顺:师卦的象辞。象曰:"师,众也;贞,正也。能以众正,可以王矣。刚中而应,行险而顺。以此毒天下而民从之,吉又何咎矣!"大意是说,军队是由活生生的个人组成的,人数众多。能使部属坚守正道,就可以在军中称王了。师卦为坤上坎下,九二爻刚健居中,与六五爻阴阳相应,虽有凶险而能顺利。以险毒之举来统治天下百姓,百姓顺从,当然吉祥而无灾。

译文

凭借强大的实力去控制弱小者，需要用警戒的方法去进行诱导。这就像师卦所说的："适当地运用刚猛阴毒的办法，可以赢得人们的归顺，获得最后的成功。

按语

率数未服者以对敌，若策之不行[1]，而利诱之，又反启其疑，于是故为自误，责他人之失，以暗警之[2]。警之者，反诱之也[3]。此盖以刚险驱之也。或曰：此遣将之法也。

注释

（1）若策之不行：若，如果，假如。策，鞭策，可引申为管治。

（2）暗警之：暗示地警戒他们。

（3）反诱：从反面进行诱导。

按语之译文

统率时常不服从自己的军队去打仗，如果你指挥调动不了他们，便以金钱相引诱，这样反而会引起他们的怀疑。正确的方法是自己有意造成一些失误，然后责备他人的过失，借此警告那些不服从自己指挥的人，这样的警戒，是从反面去诱导他们，这样的方法就属于用强硬险诈的手段迫使部队服从的方法，有人认为：这也是一种调兵遣将的方法。

典故

春秋时期，齐景公任命田穰苴为将，带兵攻打晋、燕联军，又派宠臣庄贾做监军。穰苴与庄贾约定，第二天中午在营门集合。第二天，穰苴早早到了营中，命令装好作为计时器的标杆和滴漏盘。约定时间一到，穰苴就到军营宣布军令，整顿部队。可是庄贾迟迟不到，穰苴几次派人催促，直到黄昏时分，庄贾才带着醉容到达营门。穰苴问他为何不按时到军营来，庄贾无所谓，只说什么亲戚朋友都来为我设宴饯行，我总得应酬应酬吧？所以来得迟了。

穰苴非常气愤，斥责他身为国家大臣，有监军重任，却只恋自己的小家，不以国家大事为重。庄贾以为这是区区小事，仗着自己是国王的宠臣亲信，对穰苴的话不以为然。穰苴当着全军将士，命令叫来军法官，问："无故误了时间，按照军法应当如何处理？"

军法官答道："该斩！"穰苴即命拿下庄贾。庄贾吓得浑身发抖，他的随从连忙飞马进宫，向齐景公报告情况，请求景公派人救命。在景公派的使者没有赶到之前，穰苴即令将庄贾斩首示众。全军将士看到主将杀违犯军令的大臣，个个吓得发抖，谁还再敢不遵将令。这时，景公派来的使臣飞马闯入军营，拿景公的命令叫穰苴放了庄贾。

穰苴沉着地应道："将在外，君命有所不受。"他见来人骄狂，便又叫来军法官，问道："乱在军营跑马，按军法应当如何处理？"军法官答道："该斩。"来使吓得面如土色。穰苴不慌不忙地说道：

"君王派来的使者，可以不杀。"

于是下令杀了他的随从和三驾车的左马，砍断马车左边的木柱。然后让使者回去报告。襄苴军纪严明，军队战斗力旺盛，果然打了不少胜仗。

经典案例

楚庄王优待功臣

优孟是春秋时有名的戏子，平日里以滑稽调笑取欢左右，深得楚庄王的宠爱。

楚国贤相孙叔敖死后不久，优孟在郊外看到孙叔敖的儿子在山上砍柴。优孟这才知道此位贤相身死萧条，儿子沦落到靠砍柴为生的地步。

优孟决心帮孙叔敖的儿子渡过难关。经过一番思考之后，他特制了一套孙叔敖平时常穿的服装，每日细心模仿孙叔敖的一举一动。

一天，楚庄王在宫中大宴群臣，优孟穿着孙叔敖的服装走了过来。

楚庄王远远一望，误以为孙叔敖复活，惊讶得差点叫出声来，及至近前，才看出是优孟所扮。

楚庄王想起孙叔敖以前的功劳，感慨地对优孟说："你若有孙叔敖的才干，我愿意拜你为相。"

出人意料的是，优孟并未磕头谢恩，而是不以为然地回答说："做丞相有什么好处，最后连自己的儿子的生计都保障不了！"

接着，他把孙叔敖身后萧条的状况如实地告诉了楚庄王。楚庄王听后，翻然醒悟，下令召孙叔敖的儿子入朝，加封晋爵，赐绢赏地，从此孙叔敖的儿子过上了富裕的生活。

优孟并不是直接劝谏楚庄王，而是装扮成孙叔敖，对楚庄王进行旁敲侧击，使楚庄王明白了"人走茶凉"这一做法的危害性，从而帮助孙叔敖的儿子改善了生活条件。

优孟这一指桑骂槐的计谋巧妙适度，起到了良好的效果。

孙权劈帅案表决心

公元 208 年，曹操的大军逼近江陵，打算进攻孙权。曹操向孙权下战书说："我奉献帝之命来讨伐罪臣。现在刘琮已经投降，刘备也战败逃走，我亲率 80 万水军，准备同将军决一雌雄。如若降我，可免你血光之灾。"

在这种紧急的情况下，孙权召集群臣商议对策，有人主张降曹，有人主张抗曹，弄得孙权一时也没了主意。这时，诸葛亮前来舌战群儒，又加上鲁肃、周瑜对形势的全面分析，使孙权最后下定决心，要倾东吴之兵抗击曹操。孙权义正辞严地对大家说："我与曹操这个老贼誓不两立，东吴要与曹操血战到底。"接着，他抽出刀来，一下子劈掉帅案的一角，提高声音说："从现在起，谁再说投降曹操，下场如同此帅案！"见此情景，那些主张降曹的人缄默无言了。

孙权刀劈帅案目的是警告那些主张降曹的人，这种敲山震虎的做法，强行压制住了不同意见，为有效地统一内部认识，起到了积极作用。

孙武演练"美女兵"

春秋时期，吴王阖闾看了大军事家孙武的著作《孙子兵法》，非常佩服，立即召见孙武。吴王说："你的兵法，真是精妙绝伦。你能不能当面给我演示一下，让我开开眼界呢？"孙武说："这个不难。您可以随便找些人来，我马上操练给您看看。"吴王一听，便生好奇，随便找些人来就可操练？吴王为了存心为难孙武，说道："我的后宫里有的是美女，先生能不能让她们来操练操练？"孙武一笑说："行呀！任何人都可以操练。"于是，吴王从后宫叫来180名美女。众美女一到军场上，只见旌旗招展，听得战鼓声声，很是好看。孙武下令将180名美女编成两队，并命令吴王的两个爱姬作为队长。两个爱姬哪里当过带兵的官儿，只是觉得好笑好玩。好不容易，才把稀稀拉拉、叫叫嚷嚷的美女们排成两列。

　　孙武十分耐心地、认真细致地对这些美女们讲解操练要领。交代完毕，命令在军场上摆下刑具，然后威严地说："练兵可不是儿戏！你们一定要听从命令，不得马马虎虎，嬉笑打闹。不管谁违犯军令，一律按军法处置！"美女们以为大家是来做做游戏的，不想碰见这么个一脸正经的人！这时，孙武命令擂起战鼓开始操练。孙武发令："全体向右转！"美女们一个也没有动，反而哄然大笑。孙武并不生气，说道："将军没有把动作要领交代清楚，这是我的过错！"于是他又一次详细讲述了动作要领，并问道："大家听明白了没有？"众美女齐声回答："听明白了！"鼓声再起，孙武发令："全体向左转！"美女们还是一个未动，笑得比上次更为厉害了。吴王见此情景，也觉得有趣，心想：你孙武有再大的本领，也无法让这些美女们听你的调动。孙武沉下脸来，说道："动作要领没有交代清楚，是将军的过错；交代清楚了，而士兵不服从命令，就是士兵的过错了。按军法，违犯军令者斩，队长带队不力，应先受罚。来人，将两个队长推出斩首！"

吴王一听，慌了手脚，急忙派人对孙武说："将军确实善于用兵，军令严明，吴王十分佩服。这次，请放过吴王的两个爱姬。"孙武回答道："将在外，君命有所不受。吴王既然要我演习兵阵，我一定要按军法规定操练。"于是，将两名爱姬斩首示众，吓得众美女魂飞魄散。孙武命令继续操练。他命令排头两名美女继任队长。全场顿时鸦雀无声。鼓声第三次响起，众美女精神集中，处处按规定行动，一丝不苟，顺利地完成了操练任务。吴王见孙武斩了自己的爱姬，心中多少有些不愉快，但仍然佩服孙武治兵的才能。后来以孙武为将，终使吴国跻身强国之列。

震慑弱小，警诱强大

在经商中，使用本计，对强大的一方来说，可以用警戒来震慑弱小的一方，以警诱之。对力量弱小的一方来说，也同样可用此道而反行之，采取强硬、实施果敢手段，能取得意想不到的经营效果。

经营之道，有时也必须标新立异。一种产品的产生，一个行业的形成，一个潮流的兴起，往往都是由标新立异而起，而标新立异者就是这个潮流的先导者，往往会以绝对的优势在这个潮流中获利。

美国柯林奈特公司的创始人约翰·柯林南就是电脑软件行业中的标新立异者。1968年春天，柯林南在学过电脑软件之后，认为应该将自己所学回馈社会，于是他决定建立起一个新的事业。他们的第一项产品是名叫库尔普莱特的程序，很容易由电脑打出报表的程序。很不幸的是，这个程序并不吸引人，而这时公司在银行的存款只有500美元，两天之后又有8500美元的薪水必须交付，根本没有求援之处。于是柯林南就带着他那唯一的，而又不成功的产品到市场上重新定位。这一次他把程序改名为"EDP稽查员"，他不但获

得了成功，而且发现并不是幕僚人员才使用电脑，

内部和外界的稽查员除了他们所熟悉的簿记员、计算机和书面记录外，也得同样面对电脑、程序和磁带等。由此，柯林南开辟了一个新市场，就是对稽查员施行各种应用电脑的特殊训练和个别服务。这个 EDP 稽查员是柯林南首次在商业上获得的成功，为这个新成立的公司打下了发展的基础。之后，柯林南又进一步发展 EDP 软件，使一般的人员都能操作、存取和发挥电脑的全部功能。在资料库管理软件业务基本形成之后，柯林奈特公司就转向自行发展或向外取得软件，处理后，供应市场各种功能的软件，解决客户制造、销售、人事、财务等问题。柯林奈特公司的最大创新就是处理零散的软件，向客户提供所需的资料及分析结果。这种创新的确有效，从战略空军到杜邦公司，柯林奈特公司已拥有两万多个客户，使该公司销售量连年翻番。

社会在不断变化，在当今多元化的社会里，作为威慑术的"指桑骂槐"，不知还有没有"杀一儆百"的威力，作为人际交往艺术的"指桑骂槐"却肯定还会给人们带来愉悦。

智慧解读

指桑骂槐是在和自己有关或激于义愤，对不能不骂的人、而又不便公开骂的环境里，为排泄胸中的愤懑，借着一件事物或虚构什么，表面上是骂这件事情，骨子里却骂那个人。它属于一种骂人的艺术，目的是不作正面冲突，而是旁敲侧击的手法，介乎批评与谩骂之间，其态度没有批评那样冷静，也不像谩骂那样泼辣；就是骂也骂得高明，纵使令人听了咬牙切齿，却也抓不到反抗的把柄。

第二十七计 假痴不癫

原文

宁伪作不知不为，不伪作假知妄为[1]。静不露机，云雷屯也[2]。

注释

（1）宁伪作不知不为，不伪作假知妄为：宁可假装着无知而不行动，不可以假装假知而去轻举妄动。

（2）云雷屯：屯卦的象辞。象辞为："云雷，屯；君子以经纶。"屯，即萌芽；屯卦震下坎上。坎为云、为雨，震为雷。预示着草木破土之际，要遭雷雨袭击。面对这种艰难的局面，就必须像织布的能手理顺纱线一样，沉静应对。

译文

宁可假装无知而不采取行动，不可假装知道而轻举妄动。根据屯卦卦象所揭示的原理，处于险恶的环境之中，要沉着冷静，不露声色，暗中谋划。

按语

假作不知而实知，假作不为而实不可为，或将有所为。司马懿之假病昏以诛曹爽[1]，受巾帼、假请命以老蜀兵，所以成功；姜维九伐中原[2]，明知不可为而妄为之，则似痴矣，所以破灭。兵书曰："故善战者之胜也，无智名，无勇功。"当其机未发时，静屯似痴[3]；若假癫，则不但露机，则乱动而群疑。故假痴者胜，假癫者败。或曰：假痴可以对敌，并可以用兵。宋代，南俗尚鬼。狄青征侬智高时[4]，大兵始出桂林之南，因佯祝曰："胜负无以为据。"乃取百钱自持，与神约，果大捷，则投此钱尽钱面也。左右谏止："倘不如意，恐沮师。"青不听。万众方耸视，已而，挥手一掷，百钱旨面。于是举兵欢呼，声震林野，青亦大喜；顾左右。取百钉来，即随钱疏密，布地而帖钉之，加以青纱笼，手自封焉。曰："俟凯旋，当酬神取钱。"其后平邕州还师，如言取钱，幕府士大夫共祝视[5]，乃两面钱也。

注释

（1）司马懿：三国河内温县（今河南温县西）人，字仲达。初为曹操主薄，多谋略，善权变，后任太子中庶士，为曹丕所信重。魏明帝时，任大将军，多次率军对抗诸葛亮。曹芳即位，他与曹爽同受遗诏辅政。嘉平元年（249），杀曹爽，专国政。曹爽，三国谯（今安徽毫县）人，字昭伯，曹操侄孙。魏明帝时，为武卫将军。曹芳即位，他与司马懿受遗诏共同辅政，用何晏卫心腹，与司马懿争夺政权，被司马懿所杀。

（2）姜维：三国天水冀县（今甘肃甘谷东）人，字伯约，本为魏将，后归蜀，深得诸葛亮信任，任为征西大将军，诸葛亮死，继领其军。后任大将军，曾九伐中原无功。

（3）静屯似痴：像屯卦所要求的那样，沉静得近乎痴呆。

（4）狄青：北宋大将，字汉臣，汾州西河（今山西汾阳）人。行伍出身，在对西夏战争中屡立战功，为范仲淹等所擢用，由士兵累升为大将。侬智高：宋时广源州（今越南高平省广浦）的壮族领袖。宋庆历元年，势力扩展到犹州（今广西靖西县东部），建立"大历国"政权。皇四年又自立为"仁惠皇帝"，从邕州沿江而下，攻破横、贵、浔、龚、腾、梧、封、康、端诸州，进而围攻广州。皇五年，宋遣大将狄青征讨，败侬军于昆仑关归仁铺，智高退走云南大理，后不知所终。

（5）幕府：这里是指带兵的将领。

按语之译文

自己假装不知道，而实际上却非常清楚；现在假装不行动，实际上却是行动的条件还不成熟，等待将来时机成熟才能行动，三国时，魏国重臣司马懿假装老昏病笃来麻痹曹爽，并进而诛杀了曹爽。他率军同诸葛亮对峙时，接受诸葛亮送来用以羞辱他的女人服装，不以为意，并上表请命，让魏主传谕坚守不战，以疲劳蜀军。司马懿所具备的这些品格，是他获得成功的重要因素；而蜀将姜维曾九次北伐中原，明明知道难以成功，却仍然轻举妄动，像个傻子，这是他失败的重要原因。兵书上说："善于指挥作战的人取得胜利，没有机智多谋的名声，没有勇敢杀敌的战功。"当行动的时机还不成熟时，镇静得如同白痴；如果癫癫狂狂，不但会暴露心机，而且混乱的行动还会引起众人的猜疑；所以，装作愚痴的人能赢得胜利，以癫狂的方法行事的人则将招致失败。有人说：假痴可以用于对敌作战，也可用来治军。宋代，南方崇拜鬼神的风俗很盛、北宋名将狄青奉命征讨侬智高的起义时，大军进至桂林以南，狄青假装拜神祷告说："这次用兵，胜负难以预料，"于是，自己取出一百枚铜钱向神许愿说："如果能大获全胜，那么，这些钱撒在地上，钱的正面都会朝上，"左右部将谏阻说："倘若不如心愿，恐使军心沮丧。"狄青不听，万众耸肩注目而视，狄青挥手一撒，钱的正面都朝上。于是，全军欢声雷动，声震山林原野。狄青也十分高兴，吩咐左右取一百个钉，按照钱在地面上的分布，逐一钉牢，并用青纱覆盖。又亲自加上封条，并说道："等到打了胜仗，班师凯旋，一定取出钱来酬谢神灵。"后来狄青平定了邕州（治所今广西南宁）还军到达这里，按先前所立之言取钱酬谢神灵，他的幕僚们拿起钱一看，原来钱的两面是相同的。

典故

三国时期，曹操与刘备青梅煮酒论英雄这段故事，就是个典型的例证。刘备早已有夺取天下的抱负，只是当时力量太弱，根本无法与曹操抗衡，而且还处在曹操控制之下。刘备装作每日只是饮酒种菜，不问世事。一日，曹操请他喝酒，席上曹操问刘备谁是天下英雄，刘备列了几个名字，都被曹操否定了。忽然，曹操说道："天下的英雄，只有我和你两个人！"一句话说得刘备惊慌失措，深怕曹操了解自己的政治抱负，吓得手中的筷子掉在地下。幸好此时一阵炸雷，刘备急忙遮掩，说自己被雷声吓掉了筷子。曹操见状，大笑不止，认为刘备连打雷都害怕，成不了大事，对刘备放松了警觉。后来刘备摆脱了曹操的控制，终于在中国历史上干出了一番事业。

在这个事例中，刘备将"假痴不癫"运用得天衣无缝，从而骗过了生性多疑的曹操，为以后的事业打下了良好的基础。

经典案例

曹操煮酒论英雄

曹操在征服了张绣之后，和刘备一起战败吕布，将吕布、陈宫处死，收降了吕布的大将张辽，然后与刘备回到许昌。刘备因为有军功，受到汉献帝的接见。献帝听说刘备是中山靖王刘胜的后代，立即命人取来皇族的谱系察看，想不到按辈分排列，皇帝还是刘备的侄子呢！汉献帝非常高兴，心中想：现在曹操专权，我这皇帝什么事都做不了主，有刘备这样英雄的叔叔，我就有所依靠了。于是令刘备为左将军。从此以后，人们都尊称刘备为刘皇叔。

然而此时，曹操专权，十分跋扈。汉献帝对此深恶痛绝，便咬破手指，用血写下诏书，因怕曹操发现，就将诏书缝进锦袍的玉带里，让国舅董承穿袍出宫。董承看了这"纠合忠义之士，消灭曹操奸党"的血书衣带诏后，先后联合了西凉太守马腾、左将军刘备，以及另外四位朝廷大臣，一共七人，在一幅白绢上签字，写下"为国除害"的盟约。刘备是有心计的人，他怕曹操看出自己的雄心壮志，故意每天在后园中浇水种菜，收敛锋芒，隐蔽才能，以防引起他人的妒忌和注意，连关羽、张飞也不知他这么做的用意。一天，关、张到城外练习射箭，刘备正独自在后园浇菜，许褚、张辽来到后园对刘备说："丞相有请。"刘备以为自己假装平常人的行为，为人所知，忙问："有什么要紧的事吗？"许褚说："不知道，请你快去！"刘备只得跟着二人到丞相府，心里上下打鼓，突突直跳。曹操见了刘备，笑着说："你在家里做的好事呀！"吓得刘备面如土色，心想：难道和董承、马腾立盟的机密泄露了？曹操却上前挽着刘备的手，一直走进自己的后园，说："玄德，听说你在府中学习种菜呀！哈哈！"刘备这才放下心，便说："我为的是消遣，让丞相见笑了！"曹操说："我是专门请你青梅煮酒的。"跟着到一小亭，亭中已摆上一盘青梅，一壶热酒。这时，天上乌云密布，很快就要下雨。两人相对坐于亭中，开怀畅饮。曹操指着树上还没有成熟的梅子，颇有感触地给刘备讲自己的故事："看到这青梅，我想到去年征伐张绣时行军路上的事。"刘备问："征伐张绣？就是丞相的大军纪律严明，保护麦田，您割发的那次吗？"曹操说："是的。那次行军实在艰苦，士兵长途跋涉，路上又缺水，人人口干舌燥，难以支持。见此情况。我骑在马上想起一计策。我故意朝远处张望，用马鞭指着前方大声地说：'看哪，前边有一片梅林！'士兵一听梅林，不由得想起这极酸的青梅果，顿时觉得牙酸，口里生出好些唾液，暂时止住了渴。"曹操讲起"望梅止渴"的故事，表现出洋洋自得的神情。

　　曹操请刘备喝酒是醉翁之意不在酒。原来他是要在酒醉话多的时候，探听刘备是否也像自己有不甘居人之下而想称王称霸的雄心。当酒兴正酣之时，曹操发话："玄德您久历四方，见多识广，请问：谁称得上是当今的英雄？"刘备早有提防，故意答道："我哪配谈论英雄呀！"曹操说："即便不知道，也听别人说过吧？"刘备稍想一下说："淮南的袁术，兵多粮足，可以称为英雄吧？"曹操一笑说："他不过是坟中的枯骨，我迟早要捉住他的！"刘备又说："河北的袁绍，出身高贵，门生、故吏满天下，现在又盘踞在冀州，有许多谋士、武将，可以算作英雄吧？"曹操又笑笑说："袁绍外表很厉害，却胆小；虽然善于谋划，但关键时刻却犹豫不决。这种干大事怕危险、见小利不要命的人不是英雄人物！"刘备说："刘表坐镇荆州，和七位名士为友，号称'江夏八俊'，可以称为英雄吧？"曹操不屑地说："刘表徒有虚名而已，也不能算英雄！"刘备接着说："孙策血气方刚，已经成为江东领袖，是英雄吧？"曹操说："孙策是凭借他父亲孙坚的名望，不是英雄。"刘备又说："益州（汉代所置州名，辖地主要在今四川省）的刘璋可以算作英雄吧？"曹操把头一摇说："刘璋虽然是汉家宗室，不过是看家的狗罢了，怎么配称英雄呢？"刘备见割据一方的大人物都不在曹操的眼里，只得说："那么像张绣以及汉中张鲁、西凉韩遂这些人怎么样呢？"曹操一听刘备说出二流人物的名字，禁不住拍手大笑说："这些无名小辈，何足挂齿呀！"'

刘备摇着头说："除了这些人，我可实在不知道还有什么人了！"曹操止住笑后，目光对着刘备说："所谓英雄，就是要胸怀大志，腹有良谋。所谓大志，志在吞吐天地；所谓良谋，谋能包藏宇宙呀！"边说边仔细观察刘备的反应。刘备问道："谁能配当这样的英雄呢？""只有你和我呀！"曹操一说，刘备心中为之一震，吓得一松手把筷子掉在地下。恰巧同时闪电一亮，紧跟着是一声惊雷。刘备马上强作镇定，弯腰拾起筷子，说："这雷的威力真大呀，竟把我吓得……"曹操笑着说："大丈夫还怕雷吗？"刘备恨不得曹操把自己看作一个胆小鬼，就随机应变地说："孔子是圣人，在迅雷暴风面前都要改变脸色，表示对上天的敬畏。我小小刘备怎么能不怕呢？"曹操对刘备"假痴不癫"的韬晦之计并没有识破，真以为刘备是被惊雷震掉了筷子呢！从此不再疑惑他有什么宏图大志了。

一阵雷雨过后，只见关羽、张飞手提宝剑，推开守门的卫士，撞进后园，跑到亭前。曹操知道二人的来意是保护他们的哥哥刘备，就让关、张二人饮酒。刘、关、张回到府中后，关羽说："刚才可把我俩吓坏了！"刘备就把刚才筷子落地的原委说了一遍。关、张不明白是怎么个用意，刘备说："我在后园种菜，为的就是让曹操把我看作一个胸无大志的人，想不到刚才曹操竟然指明我是当世的英雄。我一惊，掉下了筷子，又怕被曹操看出来，所以借口雷鸣震惊掩饰过去了。"关、张佩服地说："兄长真是志大才高呀！"然后，三人商量赶紧离开许昌。

匈奴灭东胡

秦朝末年，匈奴内部政权变动，人心不稳。邻近一个强大的民族东胡，借机向匈奴勒索。东胡存心挑衅，要匈奴献上国宝千里马。匈奴的将领们都说东胡欺人太甚，国宝决不能轻易送绘了们。匈奴单于冒顿却决定："给他们吧！不能因为一匹马与邻国失和嘛。"匈奴的将领们都不服气，冒顿却若无其事。东胡见匈奴软弱可欺，竟然向冒顿要一名妻妾。众将见东胡得寸进尺，个个义愤填膺，冒顿却说："给他们吧，不能因为舍不得一个女子与邻国失和嘛！"东胡不费吹灰之力，连连得手，料定匈奴软弱，不堪一击，根本不把匈奴放在眼里。这正是冒顿单于求之不得的。不久之后，东胡看中了与匈奴交界处的一片茫茫荒原，这荒原属于匈奴的领土。东胡派使臣去匈奴，要匈奴以此地相赠。匈奴众将认为冒顿一再忍让，这荒原又是杳无人烟之地，恐怕只得答应割让了。谁知冒顿此次突然说道："千里荒原，杳无人烟，但也是我匈奴的国土，怎可随便让人？"于是，下令集合部队，进攻东胡。匈奴将士受够了东胡的气，这一下，人人奋勇争先，锐不可挡。东胡做梦也没想到那个痴愚的冒顿会突然发兵攻打自已，所以毫无准备。仓促应战，哪里是匈奴的对手。战争的结局是东胡被灭，东胡王被杀于乱军之中。

此计用在军事上，指的是，虽然自己具有相当强大的实力，但故意不露锋芒，显得软弱可欺，用以麻痹敌人，骄纵敌人，然后伺机给敌人以措手不及的打击。

智慧解读

假痴不癫，重点在一个"假"字。这里的"假"，意思是伪装。装聋作哑，痴痴呆呆，而内心里却特别清醒。此计作为政治谋略和军事谋略，都算高招。用于政治谋略，就是韬晦之术，在形势不利于自己的时候，表面上装疯卖傻，给人以碌碌无为的印象，隐藏自己的才能，掩盖内心的政治抱负，以免引起政敌的警觉，专一等待时机，实现自己的抱负。这种方法，关键是表演逼真，不露破绽，否则被对手识破则非常危险。

第二十八计　上屋抽梯

原文

假之以便，唆之使前，断其援应，陷之死地[1]。遇毒，位不当也[2]。

注释

（1）假之以便，唆之使前，断其援应，陷之死地：假，借。句意：借给敌人一些方便（即我故意暴露出一些破绽），以诱导敌人深入我方，乘机切断他的后援和前应，最终陷他于死地。

（2）遇毒，位不当也：语出《易经·噬嗑·象》卦。噬嗑，卦名。本卦为异卦相叠（震下离上）。上卦为离为火，下卦为震为雷，是既打雷，又闪电，威严得很。又离为阴卦，震为阳卦，是阴阳相济，刚柔相交，以喻人要恩威并用，严明结合，故封名为"噬嗑"，意为咀嚼。本卦六三。《象》辞："遇毒，位不当也。"本是说，抢腊肉中了毒（古人认为腊肉不新鲜，含有毒素，吃了可能中毒），因为六三阴兑爻于阳位，是位不当。此计运用此理，是说敌入受我之唆，犹如贪食抢吃，只怪自己见利而受骗，才陷于了死地。

译文

故意露出破绽，予敌人一定的便利条件，以引诱他向我靠近，然后切断他的后援和侧应，使他陷于死地；根据噬嗑卦的道理，利用敌人贪吃的弱点，诱他们吃有毒的腊肉，陷他们于死地。

按语

唆者，利使之也。利使之而不先为之便，或犹且不行。故抽梯之局，须先置梯，或示之梯。如慕容垂、姚苌诸人怂秦苻坚侵晋[1]，以乘机自起。

注释

（1）慕容垂：十六国时期后燕的建立者。384 年－396 年在位。鲜卑族。前燕时封吴王。因受太傅慕容评等人的排挤，被迫投奔前秦，受到前秦王苻坚的礼遇、怂勇、支持秦王苻坚南伐东晋，淝水之战苻坚战败，他趁机恢复燕国，定都中山（今河北定县），史称后燕。姚苌：十六国时期后秦的建立者，384 年－393 年在位；羌族首领姚弋仲子，姚襄弟。襄死，他率族众归附前秦。苻坚时，官至龙骧将军。383 年苻坚在淝水之战中失败，姚苌便于次年率羌人独立，擒杀苻坚，并于 386 年称帝，国号大秦，都长安，史称后秦。苻坚：十六国时期前秦皇帝；357 年－385 年在位。初为东海王，后杀苻生自立。用王猛做谋士统一了北方大部分地区。383 年，苻坚不顾众多大臣的反对，征调九十万军队攻晋，在淝水惨败。各族首领趁机反秦自立。后为羌族首领姚苌杀害。

按语之译文

所谓唆使，就是要用一定的利益去引诱敌人。用利益去引诱而不给他一定的方便条件，敌人就可能犹豫而不付诸行动。所以，既然要用上屋抽梯的计谋，就必须先给他放置梯子，或者向他提示梯子。东晋十六国时期，慕容垂、姚苌等怂恿前秦王苻坚举兵南下讨伐东晋，结果大败于淝水，自己却乘机崛起。

典故

后汉末年，刘表偏爱少子刘琮，不喜欢长子刘琦。刘琮的后母害怕刘琦得势，影响到儿子刘琮的地位，非常嫉恨他。刘琦感到自己处在十分危险的环境中，多次请教诸葛亮，但诸葛亮一直不肯为他出主意。有一天，刘琦约诸葛亮到一座高楼上饮酒，等二人正坐下饮酒之时，刘琦暗中派人拆走了楼梯。

刘琦说："今日上不至天，下不至地，出君之口，入琦之耳，可以赐教矣"诸葛亮见状，无可奈何，便给讲一个故事。春秋时期，晋献公的妃子骊姬想谋害晋献公的两个儿子：申生和重耳。重耳知道骊姬居心险恶，只得逃亡国外。

申生为人厚道，要尽孝心，侍奉父王。一日，申生派人给父王送去一些好吃的东西，骊姬乘机用有毒的食品将太子送来的食品更换了。晋献公哪里知道，准备去吃，骊姬故意说道，这膳食从外面送来，最好让人先尝尝看。于是命左右侍从尝一尝，刚刚尝了一点，侍从倒地而死。晋献公大怒，大骂申生不孝，阴谋杀父夺位，决定要杀申生。申生闻讯，也不作申辩，自刎身亡。诸葛亮对刘琦说："申生在内而亡，重耳在外而安。"刘琦马上领会了诸葛亮的意图，立即上表请求派往江夏（令湖北武昌西），避开了后母，终于免遭陷害。刘琦引诱诸葛亮"上屋"，是为了求他指点；"抽梯"，是断其后路，也就是打消诸葛亮的顾虑。

经典案例

司马懿中计损失猛将

公元 231 年春，诸葛亮又一次率兵北伐曹魏，力争即使打不垮曹魏势力也要烦死曹魏势力。国内将领都征战去了，魏明帝正在发愁想办法的时候，司马懿从荆州风尘仆仆地赶回了许昌。诸葛亮一来通常都是司马懿来应付的，虽然每次都会被诸葛亮打败，但明帝还是马上派司马懿率领大军奔赴长安迎敌。到达长安之后，司马懿留下了 4000 精兵守护，其余的全部由名将张郃率领去增援祁山。诸葛亮听到自己的老对手来了，就留了部分兵力给王平围攻祁山，其余的由他带领前去上邦和司马懿见面。一去上邦蜀军就打了胜仗，还顺带将陇西地区的小麦给收割了拉回营帐。司马懿见蜀军比较猛，于是又像往常一样靠着地形地势的便利躲了起来，每次他都能找到比较好躲的地方，这次任凭诸葛亮立下小指还是吐口水，司马懿都不出战。

看到这样的情况，诸葛亮施出了一计，假装撤退，领兵向祁山进发，以便来调动魏军。司马懿果然中计，远远地在后面跟着诸葛亮的军队，好几次诸葛亮忽然停下来假装休息，司马懿立刻紧急刹马，后面的人刹马不及就发生了碰撞事故，后面举着长矛的步兵经常会插到前面的人，魏军已有损伤。快到祁山的时候，又被诸葛亮伏击了一次，司马懿只得退兵返回上邦。

诸葛亮小胜魏军之后，因为粮食不够了，只得一边操练士兵，一边等待军粮。当时蜀军的粮草官是李严，他是一个只顾自己不顾集体、只在乎自我利益不在乎国家利益的人，这个时候正好秋天刚刚来，冷空气凝固空气中的水蒸气导致连降大雨，马车在路上很难走动，李严怕运粮有误而被免职，就干脆自己写了一份圣旨让人送去给诸葛亮，说刘禅让他速速撤军回去。诸葛亮虽然不知道为什么这个时候让他撤军，但他知道是刘禅的意思，虽然心有不满，还是准备往回撤军了。这个时候撤军，司马懿一定会派大军前来追击。这是司马懿一贯的战术。要想能够安安全全地撤退，必须先要搞定司马懿。

于是诸葛亮又叫来魏延、王平等人如此这般地安排了一番。却说司马懿这边，打了两场败仗之后慌忙撤退到了上邦。为了防止诸葛亮的追击，他忙里忙外地安排修筑防御工事，调兵遣将加强防守，好不容易布置完了，刚刚想要坐下休息一下的时候，就有探子来报。

探子：诸葛亮已调集各路兵马向木门方向撤退而去了。

司马懿：你怎么浑身是伤？刺探军情的时候被敌人发现了？

探子：不是，是将军的防御工事实在太厉害了，小的掉进一个陷阱里面去了，好不容易才爬上来。

司马懿：那当然了，诸葛亮诡计多端，需要加强防守才好！你刚刚说什么来着？

探子：禀告将军，诸葛亮已经调集各路兵马向木门方向撤退而去了。

司马懿：啊？木门是回蜀必经之地，难道他们要撤退回国？我不信，我不相信，我的防御工事才刚刚修好，这么好的防御工事他们也不来打一下……我不信！再说了，他们打了胜仗，士气正旺，没有理由要撤退啊……

诸将：或许是他家着火了，他要赶着回去救火也不一定啊，我们应该趁这个机会，围歼他们。

司马懿：啊，你们什么时候进来的？

诸将：就是刚才你自言自语的时候啊，将军，不要再犹豫了，让我们去杀他们吧！

司马懿：诸葛亮向来喜欢使诈。这是一个机会，还是一个美丽的陷阱，现在都还不一定呢，得先打探清楚。

司马懿于是带着张郃和一部分人马前去向木门眺望。只见蜀营里面彩旗飘飘，烟雾缭绕，感觉就像在开篝火晚会。但是里头却一个人都没有。

司马懿想：看来是真的走了，可是说不定又没有走。诸葛亮实在是太让人捉摸不透了。

于是，司马懿命张郃为开路先锋率领1万兵马为第一队，司马懿率领3万人马跟在其后。司马懿拉着张郃的手再三叮嘱道："蜀军虽然走了，但是路上肯定有埋伏，一定要多加小心啊！"

张郃是曹操手下著名的猛将，曾经随着曹操满世界打仗，立下了不少汗马功劳。猛将的意思就是喜欢冲锋。张郃一马当先，不久就追上了殿后的蜀军将领魏延率领的人马，两人互砍了一阵子之后魏延就开始跑，张郃拍马上去就追，一拐弯儿魏延就不见了，却又杀出另外一队人马。张郃大喊道："好你个魏延，别以为换了衣裳我就不认识你了，别以为换了衣裳就会比较能打，我照样灭你！"

此时，那人也大喊道："你是不是用眼睛看东西的？你仔细看看，我乃王平。"

张郃恼怒，挺枪就刺了上去。王平打了几下又开始跑，张郃紧追其后。到了一片树林子里面之后魏延又杀了出来……就这样一会儿魏延一会儿王平，两人轮番着和张郃玩，都是边打边跑。魏延终于将张郃引进了树林里面，忽然一声炮响，战鼓惊天。山上的箭就像蝗虫一样直射下来。堂堂张郃就这样倒于乱军之中。司马懿赶到的时候，战斗已经结束了，他找到了被箭刺得跟刺猬似的张郃。张郃还有一口气，用那口气说道："我跟得太近，中计了，你自己要多加小心啊！"说完这句话，张郃就撒手西去了。司马懿怕还有埋伏，就又带兵退回了上邦。

航空公司以退为进后发制人

美国一家经营新型剃须刀公司的原先所属的母公司曾答应客户在电视、电台上通过广告为新剃须刀大力促销，这家公司被另一公司买下后，由于当时外界，特别是审查广告的机构，对剃须刀是否是医疗用品争论不休，这时总公司取消广告活动，为此客户声明："退回这些剃须刀"。收回剃须刀，对一个刚刚收买来的弱不经风的公司来说，无异是沉重打击，意味着危害到公司贷款合约，被银行抽回资金；不收回剃须刀，则与客户建立的关系将毁于一旦。在进退两难之际，总公司为了不失掉最大潜在客户，只好采取"退"的决策，同意收回剃须刀，同时积极与银行交涉，力争把损失减到最低限度。

按正常发展速度估计，同意退回后，还须经过大致两个月的文书往返，到那时回来的退货已经少了很多，再加上退货之后，还有一个月才需要退还货款，到 3 个月后，公司一切都已走了正轨，有能力吸收这些损失，结果一切如预料的那样。

3 年后，公司业务蒸蒸日上，良好的信誉使这家客户占公司业务 50%，而不是当初的 20%。这就是退一步虽失小利，终获大利。这里"以退为进"的要领在于"不计当前利益，着重长远利益，吃小亏、占大便宜。所有的退却都是为了将来更大的发展做铺垫。"

"以退为进"还表现在，先让一步，后发制人。如美国一家大航空公司要建航空站，要求电力公司优惠电价，遭到拒绝，使谈判陷入僵局，航空公司佯装退却，放弃电价要求，声称自己建发电厂。这一招果然奏效。对电力公司来说失去供电机会，就意味着失去赚一大笔钱的机会。电力公司慌忙请人从中说情，表示愿意以优惠的价格供电，航空公司乘胜追击，一再降价，电力公司只好同意。

航空公司先退一步，后进两步，变被动为主动。这就是"以退为进"技巧在谈判中的应用。

智慧解读

此计用在军事上，是指利用小利引诱敌人，然后截断敌人援兵，以便将敌围歼的谋略。这种诱敌之计，自有其高明之处。敌人一般不是那么容易上当的，所以，你应该先给他安放好"梯子"，也就是故意给敌人以方便。等敌人"上楼"，也就是进入已布好的"口袋"之后，即可拆掉"梯子"，围歼敌人。安放梯子，有很大学问，对性贪之敌，则以利诱之；对情骄之敌，则以示我方之弱以惑之；对莽撞无谋之敌，则设下埋伏以使其中计。总之，要根据情况，巧妙地安放梯子，致敌中计。

第二十九计　树上开花

原文

借局布势，力小势大[1]。鸿渐于陆，其羽可用为仪也[2]。

注释

（1）借局布势，力小势大：句意为借助某种局面（或手段）布成有利的阵势，兵力弱小但可使阵势显出强大的样子。

（2）鸿渐于陆，其羽可用为仪：语出《易经·渐》卦。渐，卦名，本卦为异卦相叠（艮下巽上），上卦为巽为木，下卦为艮为山。卦象为木植长于山上，不断生长，也喻人培养自己的德性，进而影响他人，渐，即渐进。本卦上九说"鸿渐于陆，其羽可为仪，吉利，"是说鸿雁走到山头，它的羽毛可用来编织舞具这是吉利之兆。此计运用此理，是说弱小的部队通过凭借某种因素，改变外部形态之后，自己阵容显得充实强大了，就像鸿雁长了羽毛丰满的翅膀一样。

译文

借助某种局面布成有利的阵势，虽然实力较小，但仍可使阵势显出很强大的样子。根据渐卦的道理，鸿雁飞向高山，它落下的羽毛也可以被我用来作装饰。

按语

此树本无花，而树则可以有花，剪采粘之，不细察者不易发现，使花与树交相辉映，而成玲珑全局也[1]。此盖布精兵于友军之阵，完其势以威敌也[2]。

（1）玲珑：灵巧的、巧妙的。

（2）威敌：威慑敌人。

按语之译文

这棵树上本来没有开花，但可以通过一定的方法让树上有花。用彩绢剪裁成花，然后粘在树上，不用心观察就发觉不了。美丽的花朵和树枝交相辉映，组成巧妙逼真的浑然整体。把这种方法运用于用兵打仗，可以把自己的精锐部队布置在盟军的阵地上，造成强大的阵势来威慑敌人。

典故

刘备起兵之初，与曹操交战，多次失利。刘表死后，刘备在荆州势孤力弱。这时曹操领兵南下，直达宛城。刘备慌忙率荆州军民退守江陵。由于跟着撤退的人太多，所以撤退的速度非常慢。曹兵追到当阳，与刘备的部队打了一仗，刘备败退，他的妻子和儿子都在乱军中被冲散了。刘备只得狼狈败退，令张飞断后，阻截追兵。张飞只有二三十个骑兵，怎能敌得过曹操的大队人马？但张飞临危不惧，临阵不慌，他心生一计，命令所率的二三十名骑兵都到树林子里去，砍下树枝，绑在马后，然后骑马在林中飞跑打转。张飞一人骑着黑马，横持丈八蛇矛，威风凛凛地站在长坂坡的桥上。追兵赶到，见张飞独自骑马横矛站在桥中，好生奇怪，又看见桥东树林里尘土飞扬。追击的曹操兵马上停止前进，以为树林之中定有伏兵。张飞只带二三十名骑兵，阻止住了追击的曹兵，让刘备和荆州军民顺利撤退，靠的就是这"树上开花"之计。

经典案例

田单败燕

战国中期，著名军事家乐毅率领燕国大军攻打齐国，连下七十余城，齐国只剩下莒和即墨这两座城了。乐毅乘胜追击，围困莒和即墨。齐国拼死抵抗，燕军久攻不下。

这时，有人在燕王面前说："乐毅不是我燕国人，当然不会真心为了燕国，不然，两座城怎么会久攻不下呢？恐怕他是想自己当齐王吧，"燕昭王倒不怀疑。可是燕昭王去世，继位的惠王马上用自己的亲信名叫骑劫的大臣去取代乐毅。乐毅知道与己不利，只得逃回赵国老家。

齐国守将是非常有名的军事家田单，他深知骑劫根本不是将才，虽然燕军强大，只要计谋得当，一定可以击败燕军。

田单首先利用两国的士兵都具迷信心理，他要求齐国军民每天饭前要拿食物到门前空地上祭祀祖先。这样，成群的乌鸦、麻雀结伙地赶来争食。城外燕军一看，觉得奇怪：原来听说齐国有神师相助，现在真的连飞鸟每天都定时朝拜。弄得人心惶惶，非常害怕。

田单的第二手，是让骑劫本人上当。田单派人放风，说乐毅过于仁慈，谁也不怕他。如果燕军割下齐军俘虏的鼻子，齐人肯定会吓破胆。骑劫觉得有道理，果然下令割下俘虏的鼻子，挖了城外齐人的坟墓，这样残暴的行为激起了齐国军民的义愤。

田单的第三手，是派人送信，大夸骑劫治军的才能，表示原意投降。一边还派人装成富户，带着财宝偷偷出城投降燕军。骑劫确信齐国已无作战能力了，只等田单开城投降吧！

田单最绝的一招是：齐军人数太少，即使进攻，也难取胜。于是他把城中的一千多头牛集中起来，在牛角上绑上尖刀，牛身上披上画有五颜六色、稀奇古怪图案的红色衣服，牛尾巴上绑一大把浸了油的麻苇。另外，选了五千名精壮士兵，穿上五色花衣，脸上绘上五颜六色，手持兵器，命他们跟在牛的后面。

这天夜晚，田单命令把牛从新挖的城墙洞中放出，点燃麻苇，牛又惊又燥，直冲燕国军营。燕军根本没有防备，再说，这火牛阵势，谁也没有见过，一个个吓得魂飞天外，哪里能够还手。齐军五千勇士接着冲杀进来，燕军死伤无数。骑劫也在乱军中被杀，燕军一败涂地。齐军乘胜追击，收复七十余城，使齐国转危为安。田单可以算是善于运用各种因素壮大自己声势的典范。

趁机行事，安全回巢

公元 420 年，宋武帝刘裕在南方建立了宋朝，过了 19 年，北魏太武帝统一了北方。从这时开始，形成南北两个王朝对峙的局面。以后一百五六十年的时间里，南朝换了宋、齐、梁、陈四个朝代；北朝的北魏，后分裂为东魏、西魏，而东魏、西魏又分别为北齐、北周所代替。历史上把这段时期合起来称为南北朝。

宋武帝做了两年皇帝，就病死了。武帝的儿子宋文帝（刘义隆）即位以后，北魏渡过黄河，对宋朝大举进攻，欲夺取宋朝黄河以南的大片土地。宋文帝派檀道济率领大军抵抗。

有一次，北魏兵进攻济南，檀道济亲自率领将士来到济水边，在 20 多天里，跟魏军打了 30 多仗。宋军节节胜利，一直追到历城（在今山东省）。

这时候，檀道济居功自傲，因此，防备就有所松懈。魏军乘此机会，用两支轻骑兵向檀道济军前后两翼发起突然袭击，把宋军的辎重粮草放火烧掉了。檀道济的将士虽然英勇善战，但是军粮奇缺，后继无援，就无法继续打仗，准备从历城退兵。

宋军中有一士兵逃到魏营投降，把宋军缺粮的详细情况告诉北魏的将领。北魏乘机派出大军追赶檀道济，想把宋军紧紧围困起来。宋军将士见到大批魏军正气势汹汹地包围过来，感到十分恐惧，甚至有的兵士偷偷地逃跑了。檀道济却非常镇静，从容不迫地命令将士就地扎营休息。

当天晚上，宋军军营里灯火辉煌，檀道济亲自带领一批管粮的兵士，在一个营寨里查点粮食。有的兵士手里拿着竹筹高声计数，另一些兵士在用斗量米。只见一只只米袋里面都是雪白的大米。这消息被魏兵的探子得悉后，赶快报告魏将。说檀道济营里军粮还绰绰有余，如跟檀道济决战，是一定又要打败仗的。魏将得知这一情报，以为在此以前告密的宋兵是假装投降，故意引诱他们上当受骗的，于是，把投降的宋兵推出斩首。其实魏将中了檀道济的计。檀道济在营里量的并不是白米，而是一斗斗的沙土，只是在沙土上覆盖着少量白米罢了。

到了天色发白，太阳渐渐升起的时候，檀道济命令将士戴盔披甲，自己穿着便服，乘着一辆马车，大模大样地走在大路上。

魏将被檀道济打败过多次，本来对他十分畏惧；同时，眼见宋军从容不迫地撤退，不知檀道济究竟在那里弄什么玄虚，暗中埋伏了多少兵马，始终不敢贸然进攻。檀道济就这样运用"树上开花"之计，以其镇静和智谋，使宋军无一损伤，安全回师。

智慧解读

"树上开花"之计，是指树上本来没有花，但可以借用假花点缀在上面，让人真假难辨。此计用在军事上，是指当自己的力量薄弱时，可以借别人的势力或某种因素，使自己看起来强大，以此虚张声势，慑服敌人。当己方处于劣势的时候，隐瞒自己的实力，明明乏力却故作很有实力的样子，让敌方摸不清相，以便能出奇致胜。为此，首先"树"要精心挑选。其次，"花"要巧妙布置，善于伪装，以达到以强隐弱的目的。

第三十计　反客为主

原文

乘隙插足，扼其主机(1)，渐之进也(2)。

注释

（1）乘隙插足，扼其主机：把准时机插足进去，掌握他的要害关节之处。

（2）渐之进也：意思是说：天下的事情，凡是行动盲目而急躁，就会走入邪途；凡是冷静而顺乎客观规律，就会登上正道。一步一步地循序渐进达到显要的地位，便会行而有功。

译文

乘着对方的空隙，插足其中，以致（最后）掌握其首脑机关，这是循序渐进的结果。

按语

为人驱使者为奴，为人尊处者为客，不能立足者为暂客，能立足者为久客，客久而不能主事者为贱客，能主事则可渐握机要，而为主矣。故反客为主之局：第一步须争客位；第二步须乘隙；第三步须插足；第四足须握机；第五步乃为主。为主，则并人之军矣。此渐进之阴谋也。如李渊[1]书尊李密，密卒以败；汉高祖视势未敌项羽之先，卑事项羽。使其见信，而渐以侵其势，至垓下一役，一举亡之。

注释

（1）李渊：即唐高祖。唐王朝建立者，祖籍陇西成纪（今甘肃秦安）。贵族出身，袭封唐国公。隋末，任太原留守。大业十三年（617 年），他乘隋末农民起义风起云涌、隋政权摇摇欲坠之机起兵反隋，攻取长安，立炀帝孙杨侑为帝。次年逼杨侑让位，建立唐朝。在位九年，传位次子李世民，自称太上皇。李密：隋末瓦岗军首领。京兆长安人。上柱国、蒲山公李宽之子。隋末起兵反隋，后入关降唐，后因反唐被杀。

按语之译文

受人差使的是奴隶，受人尊重的是客人；没有立足之地的是暂时的客人，有一席之地的是永永的客人，长久做客人却不能主管一方事务的是低贱的客人，能主管一方事务并且逐渐掌握重权的，就成为主人了。所以，由客人而逐渐成为主人的棋局，第一步必须争取到客人的位子，第二步必须捕捉漏洞和时机，第三步是乘隙插足，第四步掌握机要，第五步则成为主人。所谓成为主人，即是指吞并了他人的军队。这就是循序渐进的阴谋，如隋末李渊还未成气候以前，致书尊崇李密，李密最终因此而失败，汉高祖刘邦自料势力难以同项羽相抗衡，便十分谦卑地事奉项羽，以便取得项羽的信任，并逐渐侵夺项羽的势力，最后垓下一战，一举消灭了项羽。

典故

袁绍和韩馥，因当年共同讨伐过董卓而成为一对盟友。后来，袁绍势力渐渐强大，总想不断扩张，他屯兵河内，缺少粮草，十分犯愁。老友韩馥知道情况之后，主动派人送去粮草，帮袁绍解决供应困难。

但是袁绍觉得等待别人送粮草，不能够解决根本问题。他听了谋士逢纪的劝告，决定夺取粮仓冀州。而当时的冀州牧正是老友韩馥，袁绍顾不了那么多，马上下手，实施他的锦囊妙计。

他首先给公孙瓒写了一封信，建议与他一起攻打冀州。公孙瓒早就想找个名头攻占冀州，这个建议，正中下怀。他立即下令，准备发兵攻打冀州。

袁绍又暗地派人去见韩馥，说：公孙瓒和袁绍联合攻打冀州，冀州难以自保。袁绍过去不是你的老朋友吗？最近你不是还给他送过粮草吗？你何不联合袁绍，对付公孙瓒呢？让袁绍进城，冀州不就保住了吗？

韩馥只得邀请袁绍带兵进入冀州。这位请来的客人，表面上尊重韩馥，实际上他逐渐将自己的部下一个一个似钉子扎进了冀州的要害部位，这时，韩馥清楚地知道，他这个"主"被"客"取而代之了。为了保全性命，他只得只身逃出冀州去了。

经典案例

大学生招聘用人单位

大大小小的招聘会上，主人都是用人单位，以挑剔的目光选择人才；毕业生就是客人，要等待主人的挑选，听从主人的安排。某年 3 月 31 日，河北大学新闻学院举行了一次"反招聘"活动，毕业生反客为主，更改了这种传统方式。

这次"反招聘"活动的"主人"是河北大学新闻学院广告系的全体应届毕业生，参加招聘会的客人有石家庄神威药业、保定金风帆集团等近 40 家用人单位。

活动分为人才信息发布会和"反招聘"洽谈会两部分。在上午的信息发布会上，广告系的 30 个毕业生向用人单位展示了他们分赴北京、上海、广州、天津、石家庄、昆明、厦门等地的实习作品，并介绍了自己的特长，提出了就业意向和条件。下午的洽谈会上，用人单位向学生介绍了单位各自的状况和人才需求信息。双方在自由、轻松的气氛中进行了长时间的交流、谈判，最终有近 10 名学生与用人单位达成了就业意向。

这次活动的主要策划人之一，广告班班长王宇谈到举办此次活动的目的时说，以前我也多次参加过人才交流会，几乎所有的招聘模式都一样，都分初试、笔试、面试几个步骤。整个过程要拖很长时间。假如单位在外地，还要花很多路费。有时候递上一份简历就没了下文，连展示自己的机会都没有。传统的招聘方式效率比较低，在一定程度上还是单向选择，而非真正意义上的双向选择。

人事主管王先生在谈到传统招聘时也有同样的感受。他说每年企业都要为招聘新人花去很大精力，而且仅凭简历就淘汰很多人，这其中难免会埋没许多真正的人才。"反招聘"则给了用人单位和大学生双方更多的互相了解和交流的机会，交流形式也更直接更便捷，效率当然更高。他希望这种"反招聘"能在大专院校推广开来。

河北大学学生处处长认为，这次活动是人才交流方式的一次创新，从形式上讲是人才市场由买方市场向卖方市场转化的一次大胆尝试。

智慧解读

处于被主导地位的"客"。夺取主导地位为"主"，并把原来的"主"放到"客"的位置上，这就是常说的反客为主。因此，它是一种换位法，或者说是夺位法。主客之势常常发生变化，有的变客为主，有的变主为客。关键在于要变被动为主动，争取掌握主动权。

第六套 败战计

败战计，是三十六计中的第六套计，共有六计：美人计、空城计、反间计、苦肉计、连环计和走为上计。

所谓"败战"，就是指在战争中失利，此计是在战败或处于劣势的情况下所用的计谋。历史上因扭转劣势而赢得胜利的例子比比皆是。我们应该从中学习做人的道理、为人处世的机智。此计运用之妙就在于能够抓住对方的心理，攻其弱点，让自己受益或将损失降低到最小。

第三十一计 美人计

原文

兵强者，攻其将；将智者，伐其情[1]。将弱兵颓，其势自萎。利用御寇，顺相保也[2]。

注释

（1）兵强者，攻其将；兵智者，伐其情：句意：对兵力强大的敌人，就攻击他的将帅，对明智的敌人，就打击他的情绪。

（2）利用御寇，顺相保也：语出《易经·渐》卦。本身九三《象》辞："利御寇，顺相保也。"是说利于抵御敌人，顺利地保卫自己。

译文

对强大的敌军，要对付他的将领；对英明多智谋的将领，要设法动摇他们的斗志。将领斗志衰退，士气消沉，战斗力自然萎缩。就像《渐卦》象辞所启示的，要利用敌人的弱点抵御敌人，顺利地保存自己。

按语

兵强将智，不可以敌，势必事之[1]。事之以土地，以增其势，如六国之事秦[2]，策之最下者也。事之以金帛，以增其富，如宋之事辽、金[3]，策之下者也。惟事以美人，以佚其志，以弱其体，以增其下之怨。如勾践以西施重宝取悦吴王夫差，乃可转败为胜。

注释

（1）事：侍奉。

（2）六国之事秦：战国时期，韩、赵、魏、楚、燕、齐六国纷纷割让土地，以侍奉秦国。

（3）宋之事辽、金：北宋真宗景德元年（1004）与辽议和，每年向辽纳银十万两、绢二十万匹；南宋高宗绍兴十一年（1141）与金议和，每年向金纳银二十五万两，绢二十五万匹。

按语之译文

对于具有强大兵力和明智将帅的敌人，不可以与他硬拼，势必要暂时侍奉屈服于它。以割让土地表示侍奉，会增强敌人的势力，如同战国时期六国割让土地侍奉秦国那样，这是最下的策略；用金钱丝绸去侍奉敌国，就会增加敌人财力，如同北宋南宋侍奉辽、金那样，这也是下策；只有用美女侍奉敌人，消磨敌人的斗志，削弱敌人的体质，加深部下对主将的抱怨，与主将离心离德，如同越王勾践用美女西施及重宝侍奉夫差那样，才能转败为胜。

典故

春秋时吴越之战，勾践先败于夫差。吴王夫差罚勾践夫妇在吴王宫里服劳役，借以羞辱他。越王勾践在吴王夫差面前卑躬屈膝，百般逢迎，骗取了夫差的信任，终于放他回到越国。后来越国趁火打劫，终于消灭了吴国，逼得夫差拔剑自刎。

那所趁之"火"是怎样烧起来的呢？原来勾践成功地使用了"美人计"。

勾践被释回越国之后，卧薪尝胆，不忘雪耻。吴国强大，靠武力，越国不能取胜。越大夫文种向他献上一计："高飞之鸟，死于美食，深泉之鱼，死于芳饵，要想复国雪耻，应投其所好，衰其斗志，这样，可置夫差于死地。"于是勾践挑选了两名绝代佳人：西施、郑旦，送给夫差，并年年向吴王进献珍奇珠宝。夫差认为勾践已被他臣服，所以一点也不加怀疑。夫差整日与美人饮酒作乐，连大臣伍子胥的劝谏也完全听不进去。后来，吴国进攻齐国，勾践还出兵帮助吴王伐齐，借以表示忠心，麻痹夫差。吴国打胜之后，勾践还亲自到吴国祝贺。

夫差贪恋女色，一天比一天厉害，根本不想过问政事。伍子胥力谏无效，反被逼自尽。勾践看在眼里，喜在心中。公元前482年，吴国大旱，勾践乘夫差北上会盟之时，突出奇兵伐吴，吴国终于被越所灭，夫差也只能一死了之。

经典案例

杨坚计除宇文赞

公元581年，周宣帝因荒淫过度而崩。宣帝9岁的儿子宇文衍即位，历史上称为静帝。静帝年幼无知，大司马杨坚趁机总揽了军政大权。

但是，杨坚的专权引起了宇文家族的不满。宣帝的弟弟汉王宇文赞早就想当皇帝。宣帝死后他便搬到宫中，上朝听政时故意同杨坚同帐而坐。杨坚对此很恼火，但又不好说什么。

杨坚知道宇文赞是一个酒色之徒，见了美女就挪不动腿，于是派心腹刘防选了几个美女送给宇文赞。宇文赞满心欢喜地接受，根本不知杨坚的用心。宇文赞自得了美女以后，整日欢歌达旦，对政事逐渐失去了兴趣，很少与杨坚同帐而坐了。

刘防依杨坚的意思对宇文赞说："大王，您是先帝的弟弟，继承大统乃众望所归。只不过先帝刚死，大家情绪尚未稳定。您暂时回归王府，等时机到了您再回宫即位也不迟。"16岁的宇文赞轻信了刘防的话，便从宫中搬回王府，从此每日与美女们玩乐，再也不过问政事了。

两个月后，杨坚发动政变，建立了新的朝代——隋朝。

陈平一画退匈奴

公元前200年，汉高祖刘邦率领大军与匈奴交战。刘邦求胜心切，带领小股骑兵追击匈奴人，不料中了敌人的埋伏，被困在白登山。这时，汉军的后续部队已被匈奴人阻挡在各要路口，无法前去解围，形势万分危急。

到了第四天，被困汉军的粮草越来越少，刘邦君臣急得就像热锅上的蚂蚁，坐立不安。谋士陈平灵机一动，从匈奴单于的夫人阏氏身上想出了一条计策。

在得到刘邦允许之后，陈平派一名使者带着一批珍宝和一幅画秘密会见了阏氏。使者对阏氏说："这些珍宝是大汉皇帝送给您的。大汉皇帝欲与匈奴和好，特送上这些珍宝，请您务必收下，望您在单于面前美言几句。"使者又献上一幅美女图，说道："大汉皇帝怕单于不答应讲和的要求，准备把中原的头号美人献给他。这是她的画像，请您先过目。"

阏氏接过来一看，真是一个貌似天仙的美女：眉似初春柳叶，脸如三月桃花；玉纤纤葱枝手，一捻捻杨柳腰；满头珠翠，引得蜂狂蝶浪；双目含情，令人魂飞魄舞。阏氏心想：如果丈夫得到了她，还有心思宠爱自己吗？于是，阏氏说："珍宝留下吧，美女就用不着了，我请单于退兵就是了。"

阏氏打发走了汉军使者后，立即去见单于，她说："听说汉朝的援军就要到了，到那时我们就被动了。不如现在接受汉朝皇帝的讲和要求，乘机向他们多索要一些财物。"单于经反复考虑，觉得夫人的话很有道理。

双方的代表经过多次谈判，终于达成了协议。单于得到物质上的满足后，放走了刘邦君臣。陈平因这次谋划有功，后来被刘邦封为曲逆侯。

陈平利用阏氏的争宠心理，虚献美女，从而达到了讲和的目的。陈平的美人计妙就妙在根本没有美女，但同样收到了良好的效果。

智慧解读

很多情况下，面对强大的敌人，我们越想打败敌人，敌人越是顽强地抵抗。如果用军事行动难以制伏敌人，就不要急于强行去攻打敌方，这时换一种思维，用"糖衣炮弹"去麻痹敌人，从思想意志上打败敌方，让其完全丧失反抗的能力，待到再去攻打时，敌人已没了还手之力。这就是"美人计"的核心所在。

第三十二计 空城计

原文

虚者虚之，疑中生疑⁽¹⁾；刚柔之际⁽²⁾，奇而复奇⁽³⁾。

注释

（1）虚者虚之，疑中生疑：第一个"虚"为名词，意为空虚的，第二个"虚"为动词，使动，意为让它空虚。全句意：空虚的就让它空虚，使他在疑惑中更加产生疑惑。

（2）刚柔之际：语出《易经·解》卦。这里是指敌我双方悬殊的时刻。

（3）奇而复奇：奇妙中更加奇妙。

译文

本来兵力空虚，又故意把空虚的样子显示在敌人面前。使敌人不知底细，怀疑我有实力。在敌我力量悬殊的情况下，采用这种计谋，显得更加奇妙。

按语

虚虚实实，兵无常势。虚而示虚，诸葛而后，不乏其人。如吐蕃[1]陷瓜州[2]，王君焕死[3]，河西恟惧。以张守珪为瓜州刺史，领余众，方复筑州城。版干裁立，敌又暴至，略无守御之具。城中相顾失色，莫有斗志。守珪曰："徒众我寡，又疮痍之后，不可以矢石相持，须以权道制之。"乃于城上，置酒作乐，以会将士。敌疑城中有备，不敢攻而退。又如齐祖铤为北徐州刺史，至州，会有陈寇[4]，百姓多反。铤不关城门，守陴者皆令下城，静坐街巷，禁断行人鸡犬。贼无所见闻，不测所以，或疑人走城空，不设警备。铤复令大叫，鼓噪聒天，贼大惊，登时走散。

注释

（1）吐蕃：唐时国名，属藏族。

（2）瓜州：今甘肃安西县。

（3）王君焕：唐代瓜州常乐人。字威明，开元中为河西陇右节度使，由于击败吐蕃有功，升大将军。后吐蕃攻陷瓜州，回纥等部叛乱，君焕战死。《新唐书》有传。

（4）陈寇：陈，南朝的陈。寇，进攻，入侵。573 年，南朝陈宣帝派吴明征、裴忌领十万大兵进攻北齐。

按语之译文

用兵常常是虚虚实实，没有固定的方式。本来处于劣势，更把不加防备的样子显示给敌方。自从诸葛亮以来，运用这条计谋的人为数不少。如唐玄宗时（727 年），吐蕃人攻陷了瓜州，守将王君焕战死，河西一带老百姓非常震惊。朝廷派张守圭为瓜州刺史，张守圭率领市民修复城墙，刚装好筑墙的夹板木桩，敌人突然来进攻，城中没有防御的器械，市民们大惊失色，面面相觑，毫无斗志。张守圭说："敌众我寡，战争创伤还没有修复，不能用利箭、擂石与敌人对抗，必须用智谋对付敌人。"于是就在城墙上摆好酒席，与将士们饮酒作乐。吐蕃见了，怀疑城中有伏兵，不敢进攻，便撤退了。又如，北齐祖铤任北徐州刺史，刚到任，就有南陈大军入侵，许多民众惊慌失措。祖铤命令不关城门，叫守城士兵坐在街巷里，街道上禁止行人通行。全城寂然无声，鸡不鸣，狗不叫。入侵的军队什么也看不见，什么也听不到，不明情况，怀疑人都走了，是座空城，没有警备心理。祖铤又命士兵大声叫喊，敲鼓声震天，南陈军大吃一惊纷纷逃散了。

典故

春秋时期，楚国的令尹公子元，在他哥哥楚文王死了之后，非常想占有漂亮的嫂子文夫人。他用各种方法去讨好，文夫人却无动于衷。于是他想建立功业，显显自己的能耐，以此讨得文夫人的欢心。

公元前 666 年，公子元亲率兵车六百乘，浩浩荡荡，攻打郑国。楚国大军一路连下几城，直逼郑国国都。郑国国力较弱，都城内更是兵力空虚，无法抵挡楚军的进犯。

郑国危在旦夕，群臣慌乱，有的主张纳款请和，有的主张拼一死战，有的主张固守待援。这几种主张都难解国之危。上卿叔詹说：

"请和与决战都非上策。固守待援，倒是可取的方案。郑国和齐国订有盟约，而今有难，齐国会出兵相助。只是空谈固守，恐怕也难守住。公子元伐郑，实际上是想邀功图名讨好文夫人。他一定急于求成，又特别害怕失败。我有一计，可退楚军。"

郑国按叔詹的计策，在城内作了安排。命令士兵全部埋伏起来，不让敌人看见一兵一卒。令店铺照常开门，百姓往来如常，不准露一丝慌乱之色。大开城门，放下吊桥，摆出完全不设防的样子。

楚军先锋到达郑国都城城下，见此情景，心里起了怀疑，莫非城中有了埋伏，诱我中计？不敢妄动，等待公子元。公子元赶到城下，也觉得好生奇怪。他率众将到城外高地眺望，见城中确实空虚，但又隐隐约约看到了郑国的旎旗甲士。公子元认为其中有诈，不可贸然进攻，先进城探听虚实，于是按兵不动。

这时，齐国接到郑国的求援信，已联合鲁、宋两国发兵救郑。公子元闻报，知道三国兵到，楚军定不能胜。好在也打了几个胜仗，还是赶快撤退为妙。他害怕撤退时郑国军队会出城追击，于是下令全军连夜撤走，人衔枚，马裹蹄，不出一点声响。所有营寨都不拆走，族旗照旧飘扬。

第二天清晨，叔詹登城一望，说道："楚军已经撤走。"众人见敌营族旗招展，不信已经撤军。叔詹说："如果营中有人，怎会有那样多的飞鸟盘旋上下呢？他也用空城计欺骗了我，急忙撤兵了。"这就是中国历史上第一个使用空城计的战例。

经典案例

诸葛亮的空城计

三国时期，诸葛亮因错用马谡而失掉战略要地——街亭，魏将司马懿乘势引大军 15 万向诸葛亮所在的西城蜂拥而来。当时，诸葛亮身边没有大将，只有一班文官，所带领的五千军队，也有一半运粮草去了，只剩 2500 名士兵在城里。众人听到司马懿带兵前来的消息都大惊失色。诸葛亮登城楼观望后，对众人说："大家不要惊慌，我略用计策，便可教司马懿退兵。"

于是，诸葛亮传令，把所有的旌旗都藏起来，士兵原地不动，如果有私自外出以及大声喧哗的，立即斩首。又叫士兵把四个城门打开，每个城门之上派 20 名士兵扮成百姓模样，洒水扫街。诸葛亮自己披上鹤氅，戴上高高的纶巾，领着两个小书童，带上一张琴，到城上望敌楼前凭栏坐下，燃起香，然后慢慢弹起琴来。

司马懿的先头部队到达城下，见了这种气势，都不敢轻易入城，便急忙返回报告司马懿。司马懿听后，笑着说："这怎么可能呢？"于是便令三军停下，自己飞马前去观看。离城不远，他果然看见诸葛亮端坐在城楼上，笑容可掬，正在焚香弹琴。左面一个书童，手捧宝剑；右面也有一个书童，手里拿着拂尘。城门里外，20 多个百姓模样的人在低头洒扫，旁若无人。司马懿看后，疑惑不已，便来到中军，令后军充作前军，前军作后军撤退。他的二子司马昭说："莫非是诸葛亮家中无兵，所以故意弄出这个样子来？父亲您为什么要退兵呢？"司马懿说："诸葛亮一生谨慎，不曾冒险。现在城门大开，里面必有埋伏，我军如果进去，正好中了他们的计。还是快快撤退吧！"于是各路兵马都退了回去。

铁托的游击战术

第二次世界大战中，德国法西斯军队入侵前南斯拉夫。铁托领导的前南斯拉夫共产党组织了解放军和游击队。前南斯拉夫军队充分发挥灵活、快速、机动的特点，给德军以重创，使德军疲于奔命。

1942 年 4 月，德国集合了几个德国师、几个意大利师和几个前南傀儡军队师，全力进攻前南斯拉夫解放军最高司令部所在地——东波斯尼亚解放区。德军包围了东波斯尼亚解放区，企图摧毁前南斯拉夫解放军最高司令部。

铁托制定了巧妙的战略方针，他没有倾所有兵力保卫和死守东波斯尼亚解放区，而是将这个解放区让出来。撤出来的解放军主力行至中、西波斯尼亚一带，突然掉头反攻。刚刚进入东波斯尼亚的德军措手不及，被打得狼狈不堪。解放军还游动到萨拉热窝和杜勃罗夫尼克之间，毁坏 70 多公里的铁路，切断了进攻之敌与后续部队的联系。最后，德军妄图攻占东波斯尼亚的计划落空了。

铁托主动让出东波斯尼亚解放区，唱空城计，目的是诱敌深入，找机会袭击敌人，一点点地蚕食敌人。试想，如果不是采取这种灵活战术，而是一味地死守，不仅伤亡惨重，而且未必能守住东波斯尼亚解放区。

智慧解读

空城计，是一种被动作战的被动行为，当那些实力空虚、因遭受意外压力被迫走投无路的一方，采用此招，目的就是企图蒙混过关或避免遭受更大的损失。由于此计具有很大的不确定性和风险性，有许多主动权和机遇还掌握在对方手里，因而，在万不得以的情况下，不宜使用空城计，同时，此计也不宜重复、多次地运用。

在实际战略中，风险往往与机遇、利益和成功共存，"不入虎穴，焉得虎仔"，空城计的奇巧之处在于：要善于正确、及时地把握对方的战略背景、心理状态、性格特性等，因时、因地、因人的以奇异的谋略解除自己的危机。三国时，诸葛亮之所以能大胆地以

"空城"退敌,就是他能准确地揣磨到了司马懿谨慎、多疑而心虚的心理状态,而诸葛亮独出心裁、奇异的思维方式,使他成功地化解了一时的危局。

第三十三计　反间计

原文

疑中之疑[1]。比之自内,不自失也[2]。

注释

(1) 疑中之疑:疑,怀疑。句意为在疑阵中再布疑阵。

(2) 比之自内,不自失也:语出《易经·比》卦。比,卦名,本卦为异卦相叠(坤下坎上)。本卦上卦为坎为为相依相赖,故名"比"。比,亲比,亲密相依。本纷六二。《象》辞:"比之自内,不自失也。"此计运用此象理,是说在布下一重重的疑阵之后,能使来自敌内部的间谍归顺于我。

译文

在敌人怀疑、犹豫的情况下,再给敌布疑阵。勾结、利用敌方派来的间谍为我服务,可以收到保全自己、争取胜利的好效果。

按语

间者，使敌自相疑忌也；反间者，因敌之间而间之也。如燕昭王薨，惠王自为太子时，不快于乐毅[1]。田单乃纵反间曰[2]："乐毅与燕王有隙，畏诛，欲连兵王齐，齐人未附，故且缓攻即墨，以待其事。齐人惟恐他将来，即墨残矣。"惠王闻之，即使骑劫代将，毅遂奔赵。又如周瑜利用曹操间谍，以间其将；陈平以金纵反间于楚军，间范增，楚王疑而去之。亦疑中之疑之局也。

注释

（1）乐毅：战国时燕国名将。中山国灵寿（今河北平山）人。乐羊的后代。燕昭王时任亚卿。燕昭王二十八年（前284年），率军攻破齐国，先后攻下七十余城，因功封于昌国（今山东淄博东南），号昌国君。燕惠王即位，中齐反间计，改用骑劫为将，他逃奔赵国，被封于观津（今河北武邑东南）。号望诸君。卒于赵国。

（2）田单：战国时齐国名将。临淄（今山东淄博）人。燕将乐毅攻破齐国时，他坚守即墨（今山东平度）。施反间计，燕惠王中计，改用骑劫为将。他用火牛阵击败燕军，收复70余城，齐襄王任为相国，封安平君，后入赵国为相，封平都君。

按语之译文

间谍，可以使敌人自相怀疑和猜忌；反间，就是利用敌人派来的间谍，转而离间敌方。如战国时期燕昭王死后，继位的惠王从当太子时，就不喜欢乐毅。田单于是派间谍到燕国制造谣言，说："乐毅与燕王有隔阂，害怕被惠王所杀，想借攻齐为名，联合齐国，然后自立为齐王。因为齐国还没有归附于他，所以他不急于攻下即墨，以便等待时机，使自已的大事成功。齐国人担心的是燕王派别的大将来打，那样，即墨城早已被打下来了。"惠王听到谣言，便派骑劫代替乐毅为大将。乐毅于是逃往赵国。三国时周瑜利用曹操派来的间谍，去离间曹操的大将，也是在疑中再安排疑阵的谋略。

典故

三国时期，赤壁大战前夕，周瑜巧用反间计杀了精通水战的叛将蔡瑁、张允，就是个有名例子。

曹操率领号称的 83 万大军，准备渡过长江，占据南方。当时，孙刘联合抗曹，但兵力比曹军要少得多。

曹操的队伍都由北方骑兵组成，善于马战，可不善于水战。正好有两个精通水战的降将蔡瑁、张允可以为曹操训练水军。曹操把这两个人当作宝贝，优待有加。一次东吴主帅周瑜见对岸曹军在水中排阵，井井有条，十分在行，心中大惊。他想一定要除掉这两个心腹大患。

曹操一贯爱才，他知道周瑜年轻有为，是个军事奇才，很想拉拢他。曹营谋士蒋干自称与周瑜曾是同窗好友，愿意过江劝降。曹操当即让蒋干过江说服周瑜。

周瑜见蒋干过江，一个反间计就已经酝酿成熟了。他热情款待蒋干，酒席筵上，周瑜让众将作陪，炫耀武力，并规定只叙友情，不谈军事，堵住了蒋干的嘴巴。

周瑜佯装大醉，与蒋干同床共眠。蒋干见周瑜不让他提及劝降之事，心中不安，哪里能够入睡。他偷偷下床，见周瑜案上有一封信。他偷看了信，原来是蔡瑁、张允写来，约定与周瑜里应外合，击败曹操。这时，周瑜说着梦话，翻了翻身子，吓得蒋干连忙上床。过了一会儿，忽然有人要见周瑜，周瑜起身和来人谈话，还装作故意看看蒋干是否睡熟。蒋干装作沉睡的样子，只听周瑜他们小声谈话，听不清楚，只听见提到蔡瑁、张允二人。于是蒋干对蔡瑁、张允二人和周瑜里应外合的计划确认无疑。

他连夜赶回曹营，让曹操看了周瑜伪造的信件，曹操顿时火起，杀了蔡瑁、张允。等曹操冷静下来，才知中了周瑜反间之计，但后悔莫及了。

经典案例

韩世忠反间计

南宋初期，高宗害怕金兵，不敢抵抗，朝中投降派得势。主战的著名将领宗泽、岳飞、韩世忠等坚持抗击金兵，使金兵不敢轻易南下。

公元 1134 年，韩世忠镇守扬州。南宋朝廷派魏良臣、王绘等去金营议和。二人北上，经过扬州。韩世忠心里极不高兴，生怕二人为讨好敌人，泄露军情。可他转念一想，何不利用这两个家伙传递一些假情报。等二人经过扬州时，韩世忠故意派出一支部队开出东门。二人忙问军队去向，回答说是开去防守江口的先头部队。二人进城，见到韩世忠。忽然一再有流星庚牌送到。韩世忠故意让二人看，原来是朝廷催促韩世忠马上移营守江。

第二天，二人离开扬州，前往金营。为了讨好金军大将聂呼贝勒，他们告诉他韩世忠接到朝廷命令，已率部移营守江。金将送二人往金兀术处谈判，自己立即调兵遣将。韩世忠移营守江，扬州城内空虚，正好夺取。于是，聂呼贝勒亲自率领精锐骑兵向扬州挺进。

韩世忠送走二人，急令"先头部队"返回，在扬州北面大仪镇（分江苏仪征东北）的二十多处设下埋伏，形成包围圈，等待金兵。金兵大军一到，韩世忠率少数兵士迎战，边战边退，把金兵引人伏击圈。只听一声炮响，宋军伏兵从四面杀出，金兵乱了阵脚，一败涂地，先锋敲擒，主帅仓皇逃命。金兀术大怒，将送假情报的两个投降派囚禁起来。

智慧解读

反间计是挑拨人与人之间的关系，使对方的人产生矛盾，通常都是离间对方的主要人物与领导。反间计主要有两方面的含义：一是巧妙地利用敌方的间谍为我方所用；二是当敌方某个将领对本方构成威胁时，故意捏造他的谣言，成为可以为我方所用的假证据，以离间对方领导层内部之间的良好关系，使敌方高层最终舍弃这个将领，为我方拔去"眼中钉。"

第三十四计　苦肉计

原文

人不自害，受害必真；假真真假，间以得行[1]。童蒙之吉，顺以巽也⁽²⁾。

注释

（1）人不自害，受害为真；假真真假，间以得行：（正常情况下）人不会自我伤害，若他受害必然是真情；（利用这种常理）我则以假作真，以真作假，那么离间计就可实行了。

（2）童蒙之吉，顺以巽也：语出《易经·蒙》卦。本卦六五，《象》辞："童蒙之吉，顺以巽也。"本意是说幼稚蒙昧之人所以吉利，是因为柔顺服从。本计用此象理，是说用采用这种办法欺骗敌人，就是顺应着他那柔弱的性情达到目的。

译文

人一般都不会自我伤害，自我伤害必定会被认为是真实的：但如能以假作真，并使敌人深信不疑，就能施行离间计了。这是汲取了《周易》"蒙"卦的思想。从《周易·蒙卦·象传》："童蒙之吉，顺以巽、也。"一语中获得的启示。

按语

间者，使敌人相疑也；反间者，因敌人之疑，而实其疑也⁽¹⁾；苦肉计者，盖假作自间以间人也⁽²⁾。凡遣与己有隙者以诱敌人⁽³⁾，约为响应，或约为共力者：皆苦肉计之类也。

注释

（1）因敌人之疑，而实其疑也：因，凭，利用。实其疑：实，充实，加深。

（2）假作自间以间人：假装自己内部有矛盾，去离间敌人。

（3）遣与己有隙者以诱敌人：派与自己有矛盾的人到敌方去引诱敌人。

按语之译文

间谍，就是利用矛盾，使敌人内部互相猜忌；反间谍，就是利用敌人猜疑的心理，将计就计，以假作真，更加深他们之间的相互猜疑。苦肉计，是假装自己内部有矛盾，去离间敌人，或进行间谍活动。凡是派遣与自己一方有矛盾的人去诱惑敌人，作为内应，或约定共同协作行动的，都属于苦肉计之类的计谋。

典故

春秋时期，吴王阖闾杀了吴王僚，夺得王位。他十分惧怕吴王僚的儿子庆忌为父报仇。庆忌正在卫国扩大势力，准备攻打齐国，夺取王位。

阖闾整日提心吊胆，要大臣伍子胥替他设法除掉庆忌。伍子胥向阖闾推荐了一个智勇双全的勇士，名叫要离。阖闾见要离矮小瘦弱，说道："庆忌人高马大，勇力过人，如何杀得了他？"要离说："刺杀庆忌，要靠智不靠力。只要能接近他，事情就好办。"阖闾说：

"庆忌对吴国防范最严，怎么能够接近他呢?"要离说："只要大王砍断我的右臂，杀掉我的妻子，我就能取信于庆忌。"阖闾不肯答应。要离说："为国亡家，为主残身，我心甘情愿。"

吴都忽然流言四起：阖闾弑君篡位，是无道昏君。吴王下令追查，原来流言是要离散布的。阖闾下令捉了要离和他的妻子，要离当面大骂昏王。阖闾假借追查同谋，未杀要离而只是斩断了他的右臂，把他夫妻二人关进监狱。

几天后，伍子胥让狱卒放松看管，让要离乘机逃出。阖闾听说要离逃跑，就杀了他的妻子。这件事不断传遍吴国，邻近的国家也都知道了。要离逃到卫国，求见庆忌，要求庆忌为他报断臂杀妻之仇，庆忌接纳了他。

要离果然接近了庆忌，他劝说庆忌伐吴。要离成了庆忌的贴身亲信。庆忌乘船向吴国进发，要离乘庆忌没有防备，从背后用矛尽力刺去，刺穿了胸膛。庆忌的卫士要捉拿要离。庆忌说："敢杀我的也是个勇士，放他走吧!"庆忌因失血过多而死。要离完成了刺杀庆忌的任务，家毁身残，也自刎而死。

经典案例

周瑜打黄盖

东汉末期，曹、吴两方，一北一南，即将决战于长江之上。战幕拉开之前，东吴周瑜自感寡不敌众，曹操也觉得北军不谙水战，不约而同地想到用计。

于是曹操派蔡中、蔡和到江东诈降，周瑜收留。周瑜暗中吩咐，此二人是曹的奸细，得将计就计，为我所用。夜时黄盖来见周瑜，

提出火攻曹军方案，周瑜也正需一个人去曹营诈降刺探军情。黄盖
表示愿受皮肉之苦，行诈降之计。

第二人，周瑜召来手下大将，下令做好准备，与曹打一场持久
战。黄盖却说，曹操人多势众还不如投降了事。周愉大怒，责骂黄
盖在两军对垒时说这般话，是"慢我军心，挫我士气"，于是下令斩
首。众将官跪下求饶："黄盖固然有罪当杀，但开战在即，我方便斩
大将，恐于军不利，望都督且记下罪来，等到破曹之后，斩他
不迟。"

周瑜稍告气消，说他看在众官面上暂免一死，令打黄盖一百军
棍，以正其罪。

众官又来求饶，周瑜推翻桌子，喝退众官，立即行刑，黄盖被
剥光了衣服，按在地上，打得皮开肉绽，鲜血直流，几次昏厥，众
人无不落泪。受尽皮肉之苦以后，黄盖又派人去曹营见曹操，说自
己身为老臣却无端受刑，想率众归降，以图雪耻。

曹操虽疑是周瑜的苦肉计，但遭到说客的一番奚落，又接到二
蔡密信，报知黄盖被打之事。曹操这才相信。黄盖的苦肉计，颇为
有效地诈住了曹操，并令曹操把宝押在黄盖身上。

智慧解读

苦肉计就是先把自己折磨一番，利用血泪去争取接近敌人，而
暗地里却进行阴谋颠撹活动。对阵的双方，无论哪一方都想争取敌
将归降。如果没有降将的血泪做保证，便很难得到对方的信任。此
计挨打仅仅是开始，若一旦被对方识破，不仅白挨打，而且还有丧
命的危险，因此使用此计时一定要慎重，否则就会弄巧成拙。

第三十五计 连环计

原文

将多兵众，不可以敌，使其自累[1]，以杀其势[2]。在师中吉，承天宠也[3]。

注释

（1）自累：指自相拖累，自相钳制。

（2）以杀其势：杀，减弱，削弱。势，势力、势头。这里是指减弱、刹住敌军来势汹汹的势头。

（3）在师中古，承天变也：语出《易经·师》卦。本卦九二。《象》辞："在师中吉，承天宠也。"是说主帅身在军中指挥，吉利，因为得到上天的宠爱。此计运用此象理，是说将帅巧妙地运用此计，克敌制胜，就如同有上天护佑一样。

译文

敌军兵强势大，不能与他硬拼，应当设法使他们自相钳制。以削弱它的势头。正如《易经》师卦所说：将帅处于险象时，刚而得中，指挥巧妙得当，就能如同天神相助样吉利。

按语

庞统⁽¹⁾使曹操战舰勾连⁽²⁾，而后纵火焚之，使不得脱。则连环计者，其法在使敌自累，而后图之。盖一计累敌，一计攻敌，两计扣用，以摧强势也。如宋毕再遇⁽³⁾，尝引敌与战，且前且却，至于数四。视日已晚，乃以香料煮黑豆，布地上。复前搏战，佯败走。敌乘胜追逐。其马已饥，闻豆香，乃就食，鞭之不前。遇率师反攻，遂大胜。皆连环之计也。

注释

（1）庞统（179－214）：三国时刘备谋士，襄阳人。他巧用诈降及劝曹操把战舰钩连起来的计谋，在赤壁之战中，使曹军遭到惨败。

（2）战舰钩连：把很多舰船用铁环连接固定起来。

（3）毕再遇：宋代充州人。有谋略，精通军事，是抗金的名将。开禧年间用兵，许多将领都战败，独有他多次立功。参《宋史》本传。

按语之译文

庞统到曹营怂恿曹操把船只用铁索连结起来，然后纵火焚烧，使船只无法逃脱。由此看来，连环计就是先让敌人自相钳制，然后再攻击它的策略。前一计使敌人自相钳制，后一计则攻击敌人，两计相扣，运用自如，就能摧毁任何强敌。比如：宋朝的抗金名将毕再遇，曾经引诱敌人来战，边打边退，三番五次地缠住敌人，直至天色已晚，就用香料煮黑豆，撒在地上，又向敌营挑战，假装战败而退。敌人乘胜追赶，他们的马已饥饿，闻到遍地豆子的芳香，马只顾抢着吃豆子，任凭你用鞭子抽打，也不肯走了。这时，毕再遇出兵反攻，大获全胜，这都是连环计的运用。

典故

宋代将领毕再遇就曾经运用连环计，打过漂亮的仗。他分析金人强悍，骑兵尤其勇猛，如果对面交战往往造成重大伤亡。所以他用兵主张抓住敌人的重大弱点，设法钳制敌人，寻找良好的战机。

一次又与金兵遭遇，他命令部队不得与敌正面交锋，可采取游击流动战术。敌人前进，他就令队伍后撤，等敌人刚刚安顿下来，他又下令出击，等金兵全力反击时，他又率队伍跑得无影无踪。就这样，退退进进，打打停停，把金兵搞得疲惫不堪。金兵想打又打不着，想摆又摆不脱。

到夜晚，金军人困马乏，正准备回营休息。毕再遇准备了许多用香料煮好的黑豆，偷偷地撒在阵地上。然后，又突然袭击金军。金军无奈，只得尽力反击。那毕再遇的部队与金军战不几时，又全部败退。金军气愤至极，乘胜追赶。谁知，金军战马一天来，东跑西追，又饿又渴，闻到地上有香喷喷味道，用嘴一探，知道是可以填饱肚子的粮食。战马一口口只顾抢着吃，任你用鞭抽打，也不肯前进一步，金军调不动战马，在黑夜中，一时没了主意，显得十分混乱。毕再遇这时调集全部队伍，从四面包围过来，杀得金军人仰马翻，横尸遍野。

经典案例

张仪巧施连环计

战国时，楚怀王为"从约长"，联合齐国等共同抵御秦国。秦惠文王十分担心，秦相国张仪献计说："我愿出使楚国，去说服楚怀王，以离间他与齐国等诸侯国的关系，让他们的"合纵计"瓦解。"秦王同意了他的建议，张仪于是辞去相国位，前往楚国。他得知楚王有个宠臣叫靳（音：斤）尚，在王左右，言无不听，就用重金贿赂了靳尚，靳尚在楚王面前极力推崇了张仪，楚王也知道张仪很有才干，便召见了张。张仪说："当今天下，只有秦、齐、楚三国最为强势，如果秦跟齐国结盟，则齐强楚弱；如果秦跟楚国结盟，则楚强齐弱。然而，秦王只愿意同楚国联盟，我这次特意为二国通好而来，秦王答应把以前商鞅夺取楚国之商於六百里地归还给楚国。"楚怀王听后大喜，不顾客卿陈轸的劝谏，决定与齐国断交，而同秦国结好，并派亲信逢侯丑同张仪去秦国受地。

二人快到秦国都城时，张仪假借酒醉，故意从马车上摔下，以腿伤为由，在家闭门养伤，让逢侯丑一个人留在馆舍，逢侯丑见秦王不到，见张仪也不得，由此三个月过去，还地之事毫无下落。

逢将情况写信报告给楚王，楚王以为是还没跟齐国完全断交的原因，于是，派人去齐境辱骂齐闵王，闵王一怒之下，干脆入秦结好，共同攻打楚国。张仪见齐国的使者来到，知道离间楚、齐的计谋完成，便出来召见逢侯丑，逢又问起受地的事，张仪故作惊诧地说："怎么？没有这回事嘛，我只答应把我的六里封地给楚国的，商於六百里地，是经过千征百战得来的，秦王是不会轻意还给楚国的。"

逢侯丑这才明白中了张仪的"连环计"：不仅没有得到商於之地，反而无辜与齐国结怨。

智慧解读

"连环计"是一次连续施用两个以上的计谋战胜对方的谋略，而有时并不见得要看用计的数量，而要重视用计的质量。连环计的关键在于使敌"自累"，让敌人背上包袱、自己牵制自己，让敌人战线拉长，兵力分散。为我军集中兵力、各个击破创造有利条件。

第三十六计　走为上计

原文

全师避敌(1)。左次无咎，未失常也(2)

注释

（1）全师避敌：全军退却，避开强敌。

（2）左次无咎，未失常也：语出《易经·师》卦。本卦六四，《象》辞："左次，无咎，未失常也。"这里的师是指军队、用兵。左次，是指军队向后撤退。古时兵家尚右，右为前，指前进；左为后，指退却。全句为：部队后撤，以退为进，不失为常道。

译文

为了保全部队的实力，实行撤退也没有什么罪责，因为它并没有违背用兵的常道。

按语

敌势全胜，我不能战，则必降、必和、必走[1]。降则全败，和则半败，走则未败。未败者，胜之转机也。如宋毕再遇与金人对垒，度金兵至者日众，难与争锋。一夕拔营去，留旗帜于营，豫缚生羊悬之，置其前二足于鼓上，羊不堪悬[2]，则足击鼓有声。金人不觉为空营，相持数日，乃觉，欲追之，则已远矣。可谓善走者矣。

注释

（1）必降、必和、必走：指在敌人处于绝对优势的情况下，我方只有投降、讲和、撤退三种选择。

（2）倒悬：倒转身体，悬空挂着。

按语之译文

敌人占绝对优势，我方无法战胜时，我方只有投降、讲和和退却三条路可走。投降，是彻底失败；讲和是一半失败；只有撤退不是失败。没有失败，就有转为胜利的契机。比如宋代名将毕再遇与金兵打仗，考虑到金国的增援部队不断来到，难以对抗，一天夜里撤退走了，却留下旗帜在营房前，预先把羊倒吊着，又把羊的前腿安放在鼓前面，羊被倒挂着，十分难受，就用腿不停地乱踢，鼓也就咚咚作响。

金人开始未发觉，相持了几天才发觉。这时，宋军已经走远了。这可以说是善于撤退的战例。

典故

春秋初期，楚国日益强盛，楚将子玉率师攻晋。楚国还胁迫陈、蔡、郑、许四个小国出兵，配合楚军作战。此时晋文公刚攻下依附楚国的曹国，明知晋楚之战迟早不可避免。

子玉率部浩浩荡荡地向曹国进发，晋文会闻讯，分析了形势。楚强晋弱，且晋军气势汹汹，晋文公对这次战争的胜败没有把握，他决定暂后退，避其锋芒。于是对外假意说道："当年我被迫逃亡，楚国先君对我以礼相待，我曾与他有约定，将来如我返回晋国，愿意两国修好；如果迫不得已，两国交兵，我定先退避三舍。现在，子玉伐我，我当实行诺言，先退三舍（古时一舍为三十里）。"

他撤退九十里，已到晋国边界城濮，面临黄河，背靠太行山，足以御敌。他已事先派人往秦国和齐国求助。子玉率部追到城濮，晋文公早已严阵以待。晋文公已探知楚国左、中、右三军，以右军最薄弱，右军前头为陈、蔡士兵，他们本是被胁迫而来的。并无斗志。

子玉命令左右军先进，中军继之。楚右军直扑晋军，晋军忽然又撤退，陈、蔡军的将官以为晋军惧怕，又要逃跑，就紧追不舍。

忽然晋军中杀出一支军队，驾车的马都蒙上老虎皮。陈、蔡军的战马以为是真虎，吓得乱蹦乱跳，转头就跑，骑兵哪里控制得住？楚右军大败。

晋文公派士兵假扮陈、蔡军士，向子玉报捷："右师已胜，元帅赶快进兵。"子玉登车一望，晋军后方烟尘蔽天，他大笑道："晋军不堪一击。"其实，这是晋军诱敌之计，他们在马后绑上树枝，来往奔跑，故意弄得烟尘蔽日，制造假象。

子玉急命左军全力前进。晋军上军故意打着帅旗，往后撤退。楚左军又陷于晋国伏击圈内，遭歼灭。等子玉率中军赶到，晋军三军合力，已把子玉团团围住。子玉这才发现，原来右军、左军都已被歼，自己身陷重围，急令突围。虽然他在猛将成大心的护卫下得以逃命，但部队伤亡惨重。只得悻悻回国。

经典案例

曹操果断弃"鸡肋"

公元215年，曹操进攻汉中，在强大的军事压力之下，张鲁被迫投降曹操。曹操便命张郃、夏侯渊在汉中镇守。217年，刘备率军驻汉中，与曹军相持在阳平关。

219年正月，黄忠大败曹军，斩夏侯渊于定军山。得到这个消息。曹操十分气愤，亲自统率大军驰救，在阳平受到刘备的阻击。曹操本打算速战速决，夺回汉中，但没想到被刘备死死拖住，粮草供给眼看就要接济不上。如果再相持下去，曹操肯定占不到一点便宜；如果撤退，把汉中之地让给刘备，又实在不甘心。这时。曹操的内心十分焦急。

一天，士兵送上一盆鸡汤，曹操夹起汤中的鸡肋，若有所思，并下意识地将"鸡肋"二字作为口令。面对曹操这种矛盾的心情，杨修巧妙地劝谏说：鸡肋"食之无味，弃之可惜"，但是终究啃不下多少肉来，不如趁早撤退为好。曹操一时恼羞成怒，杀了杨修，但最后还是于当年五月知难而退，撤出了汉中。

在这里，曹操为了保存自己的实力，避免在自己处于不利的情况下与刘备决战，能够果断地忍痛割爱，及时地知难而退，尽管没有夺回汉中，但也没有使自己的军队受到损失，这是非常明智的选择。

保存实力，东山再起

天津服装厂起初是一个只有100多人的集体企业，产品曾一度滞销积压，资金无法周转，生产几乎处于瘫痪状态，怎么办？厂领导从市场调查中发现，服装行业强手如林，竞争激烈，本厂的生产设备和技术力量薄弱，难以与其抗衡，如继续生产服装，势必走向绝境，无异于"在一棵树上吊死"。于是，他们根据市场情况和本厂条件，转产以手工操作为主的产品，拿到市场试销，订户蜂拥而至。当月投资生产，当月盈利，企业起死回生。

所以作为企业的一位决策者，在企业危难关头时，要有胆有识，看准新的门路，当机立断，实行战略转移，及时转产，调整投资方向，企业才能渡过难关，起死回生。

世间许多情形，是进是退，是留是走，难以说清。也许只有亲身经历后，可以审时度势，作出选择。无论在哪个领域，多种势力在接触与较量的时候，固然重要，但在很多情况下，退更为必要，也就是说，走为上，走得巧走得妙，就能保全自己，甚至保全与自己相关的许多人与物。

智慧解读

在敌我力量悬殊的不利形势下，采取有计划的主动撤退，避开强敌，然后再寻找战机，以图东山再起，这在谋略中也应是上策。因为无论哪一种战斗，谁都没有常胜的把握，在瞬息万变的战斗过程中，不机警就不能应付，不变通就不能达权，所以退却并非怯懦的表现，也不是英雄末路，只有采取适当的权宜之计，才能有重振雄风的可能。